放下，才能活在當下 全集

Living in the moment

千江月 ——編著

將心中的執念放下，
才能更踏實活在當下

作家卡莉曾經寫道：

幸福是種奇妙的美好感覺，
通常會發生在你決定放下的時候。

現實生活中，絕大部分的困擾和煩惱，都來自於我們的偏執與妄想。

因為不懂得放下，總是以自我為中心，試圖將所有的人事物緊緊抓住；

因為不懂得放下，我們一味沉溺於過去的快樂和痛苦；因為不懂得放下，我們一味編織著未來的虛無夢幻，

始終不願意好好眼前的一分一秒。

正因為不懂得放下，我們才無法活在當下，不斷地自尋苦惱，不斷地折磨自己。

過去的已經過去，未來的尚待努力，只有適時將心中的執念放下，

我們才能更踏實地活在當下，不再患得患失。

● 千江月

出版序

放下，才能活在當下

苦與樂，得與失，其實是心靈的感受，
當你懂得看開，痛苦也會成為一種樂趣；
當你學會放下，失去也會是一種獲得。

現實生活中，絕大部分的困擾和煩惱，都來自於我們的偏執與妄想。

因為不懂得放下，我們一味沉溺過去的快樂和痛苦；因為不懂得放下，我們一味編織未來的虛無夢幻，始終不願意好好過好眼前的一分一秒。

或許，我們改變不了環境，但是我們可以學習改變自己，用正確的態度面對當下的人事物，讓自己多一點幸福，少一點痛苦。

俄國文豪屠格涅夫曾經這麼說過：「你想成為幸福的人嗎？首先，你得先學會吃得起苦。」

的確，幸福的最大敵人就是痛苦，因此，我們要學會做自己心境的主宰，學會放下痛苦，不再沉緬於過往的失敗挫折，充分利用短暫的生命，才能活在當下，積極開創下一個階段的人生。

試著從自怨自艾的情緒中走出來，不要錯過當下的幸福的日子，因為，時間永遠不會幫你找回曾經被你錯過的幸福。

人間有三種苦。一種苦是得不到，所以痛苦；另外一種苦是，你付出了許多，得到的回報卻不過如此，所以覺得痛苦；第三種苦是，你放棄了當時不覺得，後來卻發現無比重要的東西，悔恨交集，所以苦上加苦。

還好，人間還有三種樂，一種樂是得到了，所以快樂；另外一種樂是，你付出了許多，最終得到了等值的回報，所以快樂；第三種樂是，你很快地放下沒有必要的痛苦，心無罣礙，所以快樂。

這三種痛苦與三種快樂，是我們經常有的體驗。

我們會為了得到而快樂，也為了失去而難過。

有些人付出許多時間、精神追求功名利祿，最後得到了，卻也失落了，因為他們發現，那些收穫不過是過往煙雲。

有些人為了理想付出一切，但始終無怨無悔，因為它值得。還有一些人，不曾重視圍繞在身邊垂手可得的親情、友情、時間、健康、快樂……，等到緣分已盡、無法挽回時，才赫然發現它在自己的生命中佔據的位置竟是如此重要；也有人可以很快地放棄沒有必要的貪念、嫉妒、仇恨、好勝，因而活得更悠然自得。

曾經聽過一個「黃金與木板」的故事，值得我們細細咀嚼。

在航海途中，一艘三桅船被風浪打破了一個洞，船身開始下沉，船上的人見狀，頓時驚慌不已。

一位商人急忙用二十公斤黃金，向一位木匠買下他手中的兩片木板。船翻了以後，商人因為抱著木板而浮在海面上，木匠卻因為緊抱著二十公斤的黃金，開始往海裡沉。

如果這時放手，或許還有獲救的可能，但是木匠卻不願放棄這得來不易的二十公斤黃金，因此連同黃金沉入海底，丟了性命。

　　得與失，何為樂，何為苦，其實見仁見智，會隨著時機而改變。正如黃金在地面上或許很有價值，但是在海中卻是一大重擔；而兩片木板也許並不值錢，卻可以挽回一條性命，價值豈不是比黃金更大？

　　商人因為懂得適應情況的轉變，因此立刻放棄只會拖累他而不能幫助他的黃金；而木匠卻因為貪財，即使情況明顯地轉變，他也視而不見，反而用救命的木板換了致命的黃金，伴隨黃金長眠海底。

　　德國大文豪歌德曾經寫道：「最大的幸福在於，我們可以放下不能得到幸福的痛苦。」

　　其實，如果我們僅僅想獲得幸福，那很容易實現，但是，假使我們有了執念，希望比別人更幸福，就會感到很痛苦，因為，我們心中充滿偏執與妄想，對於別人幸福的想像，總是超過實際情形。

　　苦與樂，得與失，其實是心靈的感受，而且，往往操之在己。當你懂得看開，痛苦也會成為一種樂趣；當你學會放下，失去也會是一種獲得。

　　失去一個機會，等於多得到了一個體驗；失去了往昔的青春，也許可以換來自我的成熟與新生。或許，我們不能主宰命運，但能夠主宰自己的心境。

　　不懂得放下，只會使我們不斷追逐事物的表面價值，不斷因為自卑而苦惱，不斷用過往的失敗折磨自己，一再錯失當下可能擁有的幸福。

　　放下，方能更樂觀積極地面對現實。過去的已經過去，未來的尚待努力，只有適時將心中的執念放下，我們才能更踏實地活在當下。

　　放下身段，放下執念，放下偏頗，放下錯誤的態度，人才能活得快活，才能用全新的視野看待周遭的人事物，不再為眼前的糾葛患得患失。

　　放下，是生命能否提昇至更高境界的關鍵；放下是從苦惱中超脫的最好方法，不肯放下只會讓自己陷入痛苦和折磨之中。

　　本書《放下，才能活在當下全集》是作者舊作《放下，才能活在當下》與《知足就是幸福》的全新增修合集，除了針對內容進行大幅刪修之外，另外也增加了十多篇新稿，謹此向讀者說明。

C ONTENTS

Chapter 3
不要讓失敗對自己造成傷害

奧地利心理學家艾德勒說：
「你愈不把失敗當作一回事，
失敗就愈不能對你造成傷害，
只要保持心態的平衡，成功的可能性也就愈大。」

Chapter 4
用正確的心態面對成敗

面對失敗無須灰心喪志，
雖然沒有人喜歡輸的感覺，
但是，萬一不幸失敗了，
也不失為一次難得的體驗，不是嗎？

C ONTENTS

Chapter 5
心情樂觀就能渡過難關

二十世紀最偉大的發明家愛迪生曾說：
「不管環境變換到何種地步，
我的初衷與希望仍不會有絲毫的改變。」

Chapter 6
擺脫物質，才能真正幸福

有形的物質總是會引發爭執，
總是會讓我們感到痛苦，
只有放下痛苦，才能獲得真正的幸福。

Chapter 7
快不快樂，是你自己的責任

你可以失去財富，可以失去美貌，
可以沒有健康，但是沒人可以奪走你的快樂。
快不快樂，是你自己的責任。

Chapter 8
感恩知足就會過得幸福

如果人生可以重來一次，
但願除了後悔、怨懟、不甘心之外，
我們還能有更多的感恩、滿足，
與不後悔……

C ONTENTS

Chapter 11
簡單看待生命的阻礙

只要能簡單看待，
一定能輕鬆躍過生活中層層的阻礙。
生命存在的最大作用除了享受生活外，
就是不斷地創造無限可能！

Chapter 12
爭或不爭，要靠智慧評定

世間形形色色的人都有，
我們很難猜出對方心中的真正情意，
更難看清楚對方心底的真偽，
唯一能做的就是保護自己。

PART 1

看法會決定你的做法

激勵大師皮爾博士在《人生的光明面》裡說：

「逆境會使人變得更加偉大，

也會使人變得十分渺小，

它從來不會讓人保持原來模樣。」

你可以選擇走向不同的人生道路

德國思想家歌德在《感想集》裡寫道：
「能把自己生命的終點和起點連接起來的
人，是最幸福的人。」

種種摧殘人生的不幸事件，不斷地在我們週遭發生，只要不幸碰到了，往往使人心灰意冷、怨天尤人。

然而，這時憂愁、焦慮、埋怨都於事無補，你必須告訴自己，只要勇於面對，再艱困的事也總會找到解決的辦法。

人的一生當中會有很多選擇題，但這些題目卻沒有公式可以套用，也沒有所謂的標準答案。雖然每個人的選擇都不同，但是，每個人心中都有各自的標準答案。

榮登美國職棒名人堂的打擊好手Ｒ‧熱弗爾是在底特律貧民區裡長大的黑人，由於缺乏關愛和指導，童年時期他就跟其他的孩子們一樣，學會了逃學、偷竊和吸毒。剛滿十二歲那年，他就因為搶劫一家商店而被逮捕，被送進少年感化所；十五歲的時候，他因為企圖撬開辦公室裡的保險箱再次被捕，進了少年監獄；後來，他又因為搶劫鄰近的一家酒吧，第三次被送入監獄。

有一天，監獄舉辦壘球比賽，一個年老的無期徒刑犯人看到他壘球打得很出色，便鼓勵他說：「小伙子，你還年輕，有能力

去做些你想做的事，別再自暴自棄了。」

熱弗爾聽到後，心中不禁一震，回牢房後反覆思索老囚犯的話，終於做出了生命中最重大的決定。

雖然他還在監獄裡，但他突然意識到，他和一輩子都得在監獄渡過的老囚犯不同，因為他還有機會選擇出獄之後要做些什麼事，他可以選擇不再入獄，他要選擇重新做人，當一個棒球選手。

五年之後，這個年輕人成了美國職棒大聯盟中底特律老虎隊的隊員，因為，一個偶然的機會裡，底特律老虎隊領隊馬丁訪問監獄，發現了熱佛爾的棒球天分，便努力協助他早日假釋出獄。

不到一年，熱弗爾就成了老虎隊的主力隊員。

儘管熱弗爾出生在社會的最底層，曾經是被關進監獄的囚犯，然而老囚犯的一番話，終於讓他意識到自己的生命不只如此，還有各種可能，於是選擇走向自己想走的路。

德國思想家歌德在《感想集》裡寫道：「能把自己生命的終點和起點連接起來的人，是最幸福的人。」

故事中，身陷牢獄的熱弗爾可以自暴自棄地告訴自己：「現在我在監獄裡，人生一片黑暗。」但是，聽了老囚犯的勸導，他卻願意這麼想：「我要選擇走向不同的人生道路。」

自由選擇的權力，是你開創美麗遠景最有力的工具。

人生充滿選擇，不管是想法，還是前進的路途。沒有人會架著你要選擇走哪一條路，也沒有人能逼著你一定要怎麼想。

你想走向什麼道路，過什麼生活，這些都是屬於你自己的選擇權，如果你不自己在心中做好決定，那麼，縱使有再多的人伸手要幫你一把，你也會失手錯過每一次機會。

何不換個心境面對人生？

海倫·凱勒曾說：「信心是一種心境，有信心的人不會在轉瞬間就消沉沮喪。如果一個人從他的庇蔭所被驅逐出來，他就會去造一所塵世的風雨所不能摧殘的屋宇。」

法國文豪雨果曾說：「人生至高無上的幸福，莫過於確信自己還有希望。」

的確，當我們面對生活中的困頓、逆境和絕望，如果我們還想改變，深信自己還有向上攀爬的希望，那麼，這些逆境和絕望，未嘗不是讓我們人生隨時重新開始的一股心靈動力。

除了臨死前積蘊在心中的遺憾之外，還有什麼是生命中不能承受的呢？

其實，人生的意義不在於生命流程到底發生了多少悲慘的事情，而是你如何看待它們。

在一次飛行意外事故中，飛行員米契爾身受重傷，而且身上百分之六十五以上的皮膚都被燒壞了，為此他動了十六次手術，才撿回一條命。

但是，手術之後，他既無法拿起叉子，無法撥接電話，也無法一個人上廁所。

儘管生活變得如此難捱，米契爾仍然堅定地告訴自己，不能

就此被打敗，他不斷激勵自己說：「我絕對可以掌握自己的人生，我可以把目前的狀況看成是一個起點。」

奇蹟出現了，六個月之後他竟然又能開飛機了。

重新開始新生活的米契爾，在科羅拉多州買了一幢維多利亞式的房子，另外也買了房地產、一架飛機及一間酒吧。後來，他更和兩個朋友合資開了一家公司，專門生產以木材為燃料的爐子，這家公司後來變成佛羅里達州第二大私人公司。

沒想到，就在米契爾開辦公司後的第四年，在一次飛行途中，飛機再次出了狀況，這次意外把他的脊椎骨全壓得粉碎，腰部以下永遠癱瘓。

但米契爾仍不屈不撓，努力讓自己的生命有所突破。

後來，他憑著堅韌的毅力，不但選上了科羅拉多州某個小鎮的鎮長，後來還競選國會議員，也拿到了公共行政碩士學位，並持續他的飛行活動、參與環保運動及公開巡迴演說。

某次演說時，米契爾相當感性地說道：「我癱瘓之前可以做一萬件事，現在我只能做九千件，我可以把注意力放在哀歎我無法再做的一千件事上，但是，我選擇把目光放在我還能做的九千件事上。」

海倫‧凱勒曾說：「信心是一種心境，有信心的人不會在轉瞬間就消沈沮喪。如果一個人從他的庇蔭所被驅逐出來，他就會去造一所塵世的風雨所不能摧殘的屋宇。」

米契爾的人生遭受過兩次重大災厄，但是，他從不把災厄拿來當放棄努力的藉口，他的故事提醒我們，人其實可以用另一個角度，來看待一些讓自己灰心沮喪的經歷。

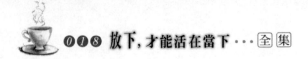

我們可以退一步想想自己還可以做什麼，然後我們就會充滿勇氣地說：「過去那些不幸遭遇，其實沒什麼大不了的！」

不管事情如何轉折，重要的是你用什麼心態看待。人生就像坐在旋轉木馬上，儘管每轉一圈，眼睛所看到的景物都一樣，但是，心境不同就會有不同的感受與領悟。

面對生命的態度也應該如此，不管事情怎麼發生，只要你堅持你的目標，清楚知道自己將怎麼前進，就算某一個夢想幻滅了，你也能夠沈穩地往前走你下一步的未來。

失去了信念，你就會失去了一切

法國思想家沙特在解釋「存在主義」時說：
「只有當一個人堅定自己的信念時，他才有生存下去的勇氣。」

《天路歷程》的作者約翰・班揚一生經歷許多災厄，他在書中告訴我們：「碰到變故，開始時我們會楞住，可是過了一段時候，我們便能學會鎮靜、忍耐。」

不可否認的，要培養這樣隨遇而安的應變態度有點困難，可是，假使我們懂得知足，充滿希望和勇氣，便會發現人生並不如想像中的暗淡。

你為什麼而活著，又用什麼角度看待你的人生？

先認清你的生命態度，那麼，就算再顛簸的路，也會因為你清楚自己的人生目標而被雙腳踏平。

很久以前，紐約警局發生過一個真實的悲慘故事。

有位叫亞瑟爾的警察，在一次追捕行動中，不幸被歹徒用槍射中了他的左眼和右腿膝蓋。

三個月後當他從醫院裡出來時，外表完全變了個樣，原本他是高大魁梧、雙目炯炯有神的年輕人，如今卻成了一個又瞎又跛的殘障人士。

　　紐約市政府和各種打擊犯罪組織頒給了他許多勳章和錦旗，他在接受訪問時，有個電台記者曾問他：「您以後將如何面對這個厄運呢？」

　　他充滿怨恨地回答說：「我只知道歹徒到現在都還沒有繩之以法，我發誓要親手把他抓到！」

　　亞瑟爾不顧任何人的勸阻，展開了追捕那個歹徒的行動，他幾乎跑遍了整個美國，甚至有次為了一個線索獨自搭機到歐洲去。

　　九年之後，那個歹徒終於在亞洲某個小國被逮捕，引渡回美國受審，這當然必須歸功於亞瑟鍥而不捨的追捕。

　　在慶功會上，他再次成了英雄，許多媒體稱讚他是全美國最堅強勇敢的人。

　　但是，沒有想到幾天之後，亞瑟爾竟然割腕自殺，留下遺書說：「這些年來，讓我活下去的信念就是抓住兇手……，現在，傷害我的兇手已經判刑，我的仇恨化解了，生存的信念也隨之消失。面對自己的傷殘，我從來沒有像現在這樣絕望過……」

　　法國思想家沙特在解釋「存在主義」時說：「只有當一個人堅定自己的信念時，他才有生存下去的勇氣。」

　　亞瑟的結局很悲壯，卻又有那麼點滑稽，九年的艱苦日子都走過來了，到了最後為什麼還會喪失生存的信念呢？

　　生命很脆弱，人的一生能有多少機會經歷大難而不死？

　　也許我們不能苛責亞瑟爾，但是在活下來的緝凶過程中，他卻看不見生命的難能可貴，也許應該說，在被兇手射傷的那一刻，他早已經死去，支撐他肉體繼續存活的是一股旺盛的復仇意念。

　　後來，亞瑟爾之所以失去了生存的意念，其實是他已經不知

道自己為什麼要活下來。

亞瑟的故事不啻提醒我們，不管經歷多大的困難，不管面對了多大的生命困境，失去一隻眼睛，少了一條腿，這些都並不要緊，可一旦失去了積極活下去的信念，就什麼都失去了。

人應該活在當下，至於那些負面的念頭，該放下的時候就適時放下，否則它們就會一點一滴地吞噬我們的生命。

作家卡莉曾經寫道：「幸福是種奇妙的美好感覺，通常會發生在你決定放下的時候。」

很多時候，正因為不懂得放下，我們才無法活在當下，不斷地自尋苦惱，不斷地折磨自己。

過去的已經過去，未來的尚待努力，只有適時放下心中的執念，我們才能更踏實地活在當下，不至於喪失存的信念。

看法會決定你的做法

激勵大師皮爾博士在《人生的光明面》裡
說:「逆境會使人變得更加偉大,也會使
人變得十分渺小,它從來不會讓人保持原
來模樣。」

不可否認的,一些外在的因素常常會影響一個人的命運,但
是,一個人的命運主要還是掌握在自己的手中。

每個人都是自己命運的設計師,命運最後會變成什麼模樣,
全在於我們對生命抱持的看法。

艾美是個聰明美麗的美國女孩,不幸的是,她出生之時,兩
腿就沒有骨頭,一歲的時候,她的父母做出了充滿勇氣卻備受爭
議的決定,把艾美膝蓋以下的部位截切,從此,艾美一直在父母
懷抱和輪椅中生活。

長大後,艾美裝上了義肢,憑著驚人的毅力,她不僅能跑步,
還能跳舞和溜冰,還經常到學校或傷殘人士的聚會上演講;她也
當過模特兒,常常出現在時裝雜誌的封面上。

希西也是一位知名的殘障人士,然而,和艾美不同的是,希
西並非天生就是殘疾,殘廢之前,她還曾經在英國《每日鏡報》
的「夢幻女郎」選美賽中,一舉奪后冠。

一九九○年她到南斯拉夫旅遊時,決定僑居下來。在南斯拉

夫爆發內戰期間,她設立難民營,並用模特兒賺來的錢設立基金會,幫助因為戰爭而殘障的兒童和孤兒。

不幸的是,一九九三年八月,她被一輛警車撞倒,肋骨斷裂,還失去了左腿。但是,她沒有被這個不幸遭遇擊垮,反而更加堅強地生活,後來她還到柬埔寨、車臣等地呼籲禁雷,為殘疾人爭取權益。

也許是緣分,希西和艾美某次會見國際著名義肢專家時相識。如今她們兩個人可說是情同姐妹,雖然肢體不全,但是她們從不覺得這是什麼人生憾事,反而覺得正是這種特殊的人生體驗,給了她們堅韌的意志和生命力。

她們現在使用著義肢,也能行動自如,只要不掀開遮蓋著膝蓋的裙子,幾乎沒有人能看出這兩位美女套著義肢。許多不知情的人常常稱讚她們:「妳的腿形長得真美,看這線條,看這腳踝,看這腳趾甲塗得多漂亮啊!」

艾美說:「我雖然從小就失去雙腿,但是,我和世界上其他的女性並沒什麼不同,我也愛打扮,也希望自己更有女人味。」

她們過著知足的幸福日子,幾乎忘了自己的殘缺,人生在她們眼裡是那麼的美好,她們從不怨天尤人。

對生命的看法,往往決定一個人面對苦難之時,會採取怎樣的做法;不同的做法,衍生了不同的命運。

哥爾斯密曾經如此寫道:「不論在那裡,不論你是誰,自己的幸福要靠自己去創造、去尋覓。」

確實,不要老是沉溺於過往的傷痛,那些已經無法改變了,唯有選擇活在當下,方能活出亮麗未來。

　　只要懂得放下自己的不幸，即使處於逆境，也不忘在內心打造自己的幸福城堡，你就會是最幸福的人。

　　激勵大師皮爾博士在《人生的光明面》裡說：「逆境會使人變得更加偉大，也會使人變得十分渺小，它從來不會讓人保持原來模樣。」

　　在我們的生活當中，有一半的事是好的，一半的事是不好的。

　　如果，你希望能過得比過去幸福快樂，就應該把精神放在這百分之五十的美好事物上面；如果你喜歡憂傷、沮喪，或煩惱得胃腸潰瘍，那麼誰也無法阻止你，你就把精神放在那百分之五十的壞事情上吧！

痛苦，會讓你脫胎換骨

美國作家華盛頓·歐文在《見聞札記》裡
寫道：「小人物在不幸中卑躬屈膝，大人
物在不幸中挺身而起。」

　　為什麼最珍貴的藥材往往得在深山裡才找得到？為什麼最新
奇古怪的海洋生物都生活在最深層的海底？

　　這些植物或生物是在人們找尋的時候才被發現，它們生長的
環境是那樣的惡劣，但正因為生長不易，它們也往往具備了其他
動植物所沒有的價值，人生不也正是如此嗎？

　　在里昂的一次社交宴會上，與會的賓客因為討論掛在牆上的
一幅油畫而發生了爭論，主人看到雙方的爭執越來越激烈，為了
緩和氣氛，便轉身找來一個年輕僕人解釋這幅作品。

　　起初，客人們對主人的做法深深不以為然，但是，令他們驚
訝的是，這僕人的解說有條不紊，深具說服力，眾人的爭論立刻
平息下來。

　　一位客人感到相當納悶，便態度恭敬的問這僕人：「先生，
您真是學識淵博，是從什麼學校畢業的？」

　　這位年輕僕人不卑不亢地回答說：「我在很多學校學習過，
但是，讓我花最多時間也獲得最大的收益，就是『苦難』。」

這位年輕僕人的苦難遭遇，對他而言很有助益，儘管當時他只是個貧窮而低微的僕人，但不久之後，他便以卓越的智慧震驚了整個歐洲，而且舉世聞名，他就是法國最著名的哲學家盧梭。

有一位名叫道格拉斯的黑奴，從小連最基本的身體都不屬於自己，因為在他出生之前，他就被家人拿去抵債了，出生之後，他就註定有一段辛苦的人生路要走了。

因此，道格拉斯成長的過程中，不僅沒有機會上學讀書，連農場主人也不允許他自修學習。

但是，道格拉斯並沒有放棄自修，只要主人一不注意，他就會從廢報紙、藥單、日曆上學習文字，而且非常努力，從不間斷。

二十一歲的時候，道格拉斯終於逃離了農場，到北方的紐約當搬運工，並參加反奴隸運動。

後來，他在紐約辦過報紙，在華盛頓編輯過《新時代》雜誌，而且還成為哥倫比亞地區聯邦法官和美國的第一個黑人議員。

美國作家華盛頓·歐文在《見聞札記》裡寫道：「小人物在不幸中卑躬屈膝，大人物在不幸中挺身而起。」

在肥沃的土地上會有盛開的美麗花朵，但強風一掃就會傾倒，唯有那些從岩縫中生長的參天大樹，才能在狂風暴雨中屹立不搖。

只要學會放下，活在當下，生命的痛苦和磨難，往往就是一個人脫胎換骨、向上躍昇的契機。

珍惜眼前的生活，沒有經歷過坎坷磨難的人，永遠領略不到人生的美好，永遠不會超越常人的成就。

有機會遇上逆境也是一種幸福

愛因斯坦曾說：「通向人類真正的偉大的
道路只有一條，那就是苦難的道路。」

在人生旅程中，並不是每一種我們遭遇到不幸都是災難，有時只是新生活的開端。只要我們以堅定的心情面對人生中無法避免的災厄，很多時候，逆境就會變成是另一種的祝福。

只要我們能放下痛苦，轉換自己的心境，便能知足樂觀地繼續走向人生旅程！

古希臘時代，雅典城有一個名叫基里奧的奴隸，很有藝術天份。一天，他正在創作的時候，希臘官方竟頒佈了一條法律，規定奴隸若是從事藝術創作，就要判處死刑。這項法令無疑宣告基里奧的創作生命死亡了，因為他已經把整個生命和靈魂都投入在他的雕塑作品上。

基里奧的姐姐聽到了這項法令，和她的弟弟一樣，心中也感受到巨大的打擊。

但是，她鼓勵著基里奧說：「你搬到我們房子下面的地窖去創作，一切生活上的需要，我都會供應你，你不必擔心，好好去做你想做的工作，我相信上帝會保佑我們。」

於是，基里奧在姐姐保護和協助下，日以繼夜地進行著危險的藝術創作。

不久，雅典舉行了一個藝術展覽會，由身兼政府要員的藝術家波力克主持，希臘當時最著名的雕塑家菲狄亞斯、哲學家蘇格拉底，以及其他有名的大人物都參加了。

他們發現，在展覽作品中，有一組雕塑特別突出、耀眼，比其他作品都要出色。這組大理石雕塑吸引著了所有人的注意，藝術家們都同聲讚嘆。

波力克於是問道：「這是誰的作品？」

但沒有人應聲，波力克又重複問了一次，還是沒有人回答。

在一片靜默中，忽然有一個少女被士兵拖了出來。

這個少女緊閉著嘴，眼中閃爍著堅定的神情，拖著她的士兵向波力克報告：「她知道這個雕塑的來源，但是她堅決不肯說出雕塑者的名字。」

士兵一再追問，但是少女仍然不說話，士兵恐嚇她再不說話就會被懲處，但是她還是緊閉著嘴巴。

波力克見狀，說道：「那麼，就把她關進地牢去。」

就在這時，一個滿頭長髮、面容憔悴，奴隸模樣的年輕人衝到波力克面前，哀求說：「求你放了她吧，是我，那組雕塑是我的作品。」

這時，現場的人鼓噪了起來，呼喊著：「處死他！處死他！該死的奴隸！」

但是，波力克站了起來，說道：「不！只要我還活著，就要保護那組雕塑！法律最崇高的目標就是要保護和發展美好的事物。雅典之所以能聞名世界，那就是因為她對不朽藝術的貢獻，這位年輕人不應該處死，而應該站在我的身邊！」隨即，波力克命令

助手把手裡的桂冠戴在基里奧頭上。

　　二十世紀最偉大的科學家愛因斯坦曾說：「通向人類真正的偉大的道路只有一條，那就是苦難的道路。」

　　我們要面對的，除了發生在我們身上的每一件事之外，還要留意我們所要做出的反應是不是會造成自己和別人的傷害。

　　生活中那些無法迴避的困難會教導我們，應該以堅定的心情活在當下，迎接未來，縱使是在極為困難的處境中，也要保持自己的精神力量。

　　如此一來，不僅可以超越痛苦和環境，更可以從體現的價值中，激勵、鼓動我們的生活。

充滿鬥志就能創造自己的價值

印度詩聖泰戈爾在《沈船》中寫道：「上天完全是為了堅強我們的意志，才在我們的道路上設下重重的障礙。」

生活是一場「戰鬥」，無論身處什麼社會地位，人只要勇於追求自己的夢想，都有生存的價值和意義。

即使是出身最低微的人，只要他對生活抱持真誠的態度，那麼他不僅擁有了當下，也能掌控未來。

牛頓是英國格雷哈姆附近一個地產商的兒子，拉普拉斯則是漢弗勒爾附近的波蒙特福奇一位貧窮農民的兒子。

他們的生活有著不同的困境，但這兩位傑出科學家盡情發揮他們的天賦，終究在自己專精的領域功成名就，這種成就是任何財富也無法買到的。

天文學家兼數學家拉格萊姆的父親，原本在都靈擔任戰地財務主管，然而卻因為多次從事投機的生意，把家產全部賠光了，拉格萊姆一家從此生活貧困。

但是，功成名就之後，拉格萊姆總習慣把他的成就和幸福，歸功於當初的艱困生活條件對他的磨練。

拉格萊姆這麼說：「如果當初我的生活是富裕的話，很可能

今天的我，就當不成數學家了。」

　　印度詩聖泰戈爾在《沈船》中寫道：「上天完全是為了堅強我們的意志，才在我們的道路上設下重重的障礙。」

　　許多成功人士都是憑著自己的努力和充滿活力的奮鬥，從最低微的社會底層攀爬到具有影響力的傑出地位。

　　因此，我們可以這麼說：「不幸，是一所最好的大學。」

　　身處困境或出身低微並不可恥，可恥的是在貧困中沈淪、墮落。在困境之中，你越要激勵自己奮發向上，因為，艱困的情況將會是你走向成功不可或缺的有利條件。

你的人生只是夢幻泡影？

丹麥詩人皮特海因曾經寫道：「人唯有像樹木一樣自然成長、飽經風霜，才能根深葉茂。」

有一個牛奶廣告中，一群小朋友喊著要像大樹一樣，身體強壯，長得茁壯。

其實，每個人都像是一棵樹，不管願不願意，都得經歷大風大雨，都得經歷生命的變動，只有一點一滴的累積生命的養分之後，我們才會像雄偉的大樹一樣，站在風雨之中屹立不搖！

日本經營之神松下幸之助在回憶自己的奮鬥歷程時說，從小他當學徒的時候，在老闆的嚴厲教導之下，不得不勤勉學藝，卻也不知不覺地養成了勤勉的習慣。

所以，別人視為最辛苦困難的工作，他不僅不覺得辛苦困難，反而都覺得很快樂。

換個方式說，松下幸之助覺得快樂的工作，在別人看來卻苦不堪言，正是因為看待工作的態度的不同，所以他的成就和一般人自然有天淵之別了。

他回憶說：「年輕的時候，長輩們總是教導我們要勤奮努力，那時我便想，如果自己不肯勤勉努力，那麼年紀輕輕的我，怎麼

奢望將來擁有些什麼成就？正因為年輕有所期望，才更要認真努力前進。」

人脫離了現實，就只能生活在虛幻之中。

沒有紮實的根基，你看到的只是一次又一次的海市蜃樓和夢幻泡影；沒有真正的本領和能耐，只有誇口和吹牛皮，你認為你還能擁有什麼？

丹麥詩人皮特海因曾經寫道：「人唯有像樹木一樣自然成長、飽經風霜，才能根深葉茂。」

這句話看似平凡簡單，卻充滿了深刻的人生哲理。

沒有人不希望早點功成名就，但千萬別弄虛作假或是一味只想走捷徑，成功是汗水淚水與血水澆灌出來的果實，唯有經歷千錘百鍊的成功，才是真正屬於你的成功。

別再渾渾噩噩過日子

西班牙大作家塞萬提斯在《唐吉訶德》裡
寫著：「勇敢的人開鑿自己的命運之路，
每個人都是自己命運的開拓者。」

《傷心咖啡館之歌》的作者卡森·麥卡勒斯曾經寫道：「當你累得滿頭大汗，事情還是沒有起色，這時你的心靈深處便會泛起一個問號，難道這就自己想要的生活嗎？」

其實，想要擁有什麼生活，往往取決於你怎麼做，而不是你做了什麼。一個不能用智慧主宰自己生活的人，將永遠只配做生活的奴隸！

先闔上書一分鐘，仔細想想現在的你，日子是怎麼過的。

審視得如何呢？現在的情況真的是你想要的嗎？

如果不是，這樣的日子有人逼你過嗎？

看完下面這一則故事，必定會讓你在莞爾之餘，心中有一些感觸。

二十世紀初，有個愛爾蘭家庭打算要全家移居到美洲，但是，他們非常窮困，沒有足夠的經費，於是辛苦工作、省吃儉用了三年，總算才存夠錢買了去美洲的三等艙船票。

上船之後，他們被帶到甲板下方睡覺的地方，一家人以為整

個旅程中他們都得待在這個擁擠的小房間裡，而且他們也確實這麼做了，每天都吃著自己帶上船的少量麵包和餅乾充飢。

這樣一天過了一天，他們總是以既嫉妒又羨慕的眼神看著頭等艙的旅客，神情愉快地在甲板上吃著奢華的大餐。

正當輪船快要抵達美洲大陸的時候，其中有一個孩子餓得生病了。

父親情急之下便去找服務人員，請求他們幫忙：「先生，求求你，能不能賞我一些剩菜剩飯給我的小孩吃？」

服務人員聽了這番低聲下氣地話，訝異地回答說：「你為什麼這麼問呢？這些餐點你們也可以吃啊！」

「真的嗎？」父親吃驚的問：「你的意思是說，整個航程裡，我們都可以和其他人一樣用餐嗎？」

「當然可以！」服務人員以驚訝的口吻說：「在整個航程裡，這些餐點都會供應給你和你的家人，你們的船票只是決定你們睡覺的地方，並沒有限制你們的餐點。」

西班牙大作家塞萬提斯在《唐吉訶德》裡寫著：「勇敢的人開鑿自己的命運之路，每個人都是自己命運的開拓者。」

其實，很多人都有著故事中相同的狀況，以為目前的位置就是一輩子必須待的地方，絲毫不知道他們可以和其他人一樣，享受同樣的權利，甚至過得比別人還要好。

人生會有多少價值，完全在於自己如何開創，只要叮嚀自己隨時保持積極樂觀的心情，就能營造出美麗的人生。

成功並非遙不可及的夢想，但是必須靠你自己努力爭取。過去的你如果過著渾渾噩噩的日子，就應該在今天覺醒，為燦爛的

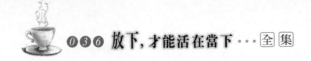

明天打好基礎。

不要老是活在過去的窠臼裡，你一定可以走出來，努力爭取你所夢想的園地。

馬利丹曾經寫道：「讓人最難受的，不是被剝奪曾經擁有的的東西，而是被剝奪未曾有過，並不真正了解的東西。」

的確，現實中的困難皆可克服，唯獨憑空想像、束縛自己的困難無法解決。

其實，生活的本身既不是快樂，也不是痛苦，而是快樂和痛苦的容器，就看你想把它變成什麼……

PART 2

改變腦袋
才可能擁有未來

英國詩人布萊克曾說：

「固執己見的頭腦，就像是一潭死水，

養育著專門危害思維的爬蟲。」

不要讓眼前的遭遇束縛自己的未來

維克多·弗蘭克說：「生命當中，只有一種東西是不可剝奪的，那就不管在什麼情況下，你都有選擇自己態度的自由，選擇如何面對未來的自由。」

很多人會說人生充滿無奈，大部分時候根本由不得自己去做選擇，因而把一切都歸諸於機遇。你也是這麼宿命地認為嗎？

其實，機會是人創造出來的，還是老天註定好的，本身就是一種選擇，你可以選擇聽天由命，也可以選擇跳脫命運的束縛。

國際著名的精神分析專家維克多·弗蘭克，由於猶太人的血統，在第二次世界大戰時曾被關進德國集中營。

他曾是傳統心理學派下長大的宿命論者。傳統心理學派認為，一個人的品格和性格從小就已經奠定，而且也會決定人的一生，人的造化在出生之時就大勢已定，永遠也走不出這個定數。

弗蘭克被關進納粹集中營後，遭受到種種凌虐，他的父母、兄弟和妻子，不是死於集中營裡就是被送進了毒氣室。弗蘭克時常遭到拷打和侮辱，心裡也擔心著自己不知道什麼時候會走進毒氣室。

一天，當他被剝去衣服，單獨囚禁在一間窄小的牢房裡，在驚慌失措的冥思時，開始意識到了自己還擁有「人類最後一點自

由」，這種自由是蓋世太保無法剝奪的。蓋世太保可以控制他的生存環境，他們可以對他的肉體百般凌辱，但是無法剝奪他的思想，他可以像一個旁觀者那樣注視著自己正陷入的境遇。

　　他可以由內心來決定如何面對這一切，在他身上發生的事情，不管如何屈辱、悲慘，他都可以選擇自己要做出哪種回應。

　　每當遇到殘酷的虐待，弗蘭克就會設想自己處在不同的環境中，想像自己從集中營脫困出來，或是想像和家人團聚的景況。他試著改變、調適自己，告訴自己一定還有機會，因為他的思維能自由飛翔。

　　通過這樣的自我鍛鍊，漸漸地，他覺得自己比看守他的納粹獄卒具有更多的自由。因為他發現，表面上這些獄卒可以行動自由，但是在心靈上他們卻是被囚禁的。也因此，他成為周圍囚犯的力量源泉，幫助同伴尋找到受苦的意義，尋找到活下去的勇氣。

　　二次大戰後，重獲自由的維克多‧弗蘭克說：「生命當中，只有一種東西是不可剝奪的，那就不管在什麼情況下，你都有選擇自己態度的自由，選擇如何面對未來的自由。」

　　確實如此，任何時候我們都可以自由的選擇，對於生活我們也有選擇的權利，選擇改變平庸的生活，選擇生命如何過得精采。

　　相信自己就是生活的主宰，知道自己必須掌握生活的主導權，就能做下每一個影響未來的決定。

　　也許，你有一段難以言喻的不幸過去，但是千萬不要讓過去束縛你的未來。要記住，你的一生都掌握在自己的手裡，如果你不滿意現在的生活，那就趕快改變自己的生活態度，重新選擇自己的人生。

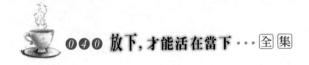

改變心態，就能活得快樂自在

英國詩人作家馬・阿諾德在《逆來順受》
一書中曾說：「征服命運的，常常是那些
不等待機遇恩賜的人。」

　　幽默作家蕭伯納經常對那些抱怨環境不順的人說：「人們時常抱怨自己的環境不順利，使他們沒有什麼成就。但是，我討厭這種說法，假如你遍尋不到你所要的環境，為什麼不自己創造一個出來！」

　　的確，只要你勇於創造自己想要的環境，就會成為自己生命的主人。

　　發明電話的亞歷山大・貝爾，年輕的時候，有一次向朋友亞瑟・亨利抱怨自己的工作很不順利，並且認為，那些不順利完全是由於自己缺乏電機方面的知識所造成的。

　　當時，亞瑟・亨利是華盛頓區一家理工學院的校長，心平氣和地聽完貝爾拉拉雜雜的抱怨，但並沒有安慰他，只是簡短地告訴他：「去讀啊！」這個簡短的回答讓貝爾大感意外，因為自己只顧著到處找人吐苦水，從來沒想過自己其實可以克服遭遇到的困難。貝爾於是認真去攻讀有關電機的課程，後來還成了對傳播科學極有貢獻的發明家。

　　英國詩人作家馬‧阿諾德在《逆來順受》一書中曾說：「征服命運的，常常是那些不等待機遇恩賜的人。」

　　美國總統胡佛是一名鐵匠的兒子，後來還成了流離失所的孤兒；IBM的董事華森，年輕時曾擔任過記事員，每星期只能賺兩塊錢美金；名製片家阿道夫‧朱可曾經擔任的一名皮貨商助手，每星期也是只賺兩塊。

　　這些著名的成功人士之所以成就輝煌，是因為他們從來不認為貧窮和厄運是他們的人生障礙，他們把全部的精力用在改善自己的境遇上面，完全沒有時間自怨自艾。

　　俄國作家契訶夫曾經寫道：「你知道才能是什麼意思嗎？那就是勇敢、開闊的思想，以及遠大的眼光。」

　　只有具備勇敢、開闊的思想，以及遠大的眼光，人才能用正面的角度面對原先讓自己嗟怨的困境，繼而走向更美好的地方。

　　歷史上，許多舉世聞名的人物都有著身體上的缺陷，例如詩人拜倫長有畸形腿，音樂家貝多芬後來因病成了聾子，莫札特患有肝病，當上美國總統的富蘭克林‧羅斯福則患有小兒麻痺症；至於名教育家海倫凱勒則是從小又聾又瞎。這些名人的奮鬥故事，相信我們從小就耳熟能詳，只是為什麼到了現在還不肯效法呢？

　　我們四肢健全，有得穿又吃得飽，卻老是抱怨東埋怨西，怪景氣不好，怪別人不肯幫忙，為什麼就是不肯反省自己？不要抱怨命運和目前的處境，而該罵一罵自己為什麼不肯積極生活。

　　你目前的生活是你自己決定如何過的，你目前的環境是你自己走出來的，想要讓自己活得快樂自在，你就必須先改變自己的生活態度，積極為自己創造想要的環境。

勇敢面對失敗的考驗

英國詩人布萊克曾說：「正如水果不僅需要陽光，也需要涼爽的夜晚和寒冷的水才能成熟，人生不僅需要成功的歡樂，也需要失敗的考驗。」

挫折是寶貴的禮物，很多成功的人士都有過身處逆境的經驗，最後也都憑著堅強的鬥志戰勝了逆境，成就不凡的事業。

人生有時就像一場牌局，不論好壞，紙牌就在你手上，就等你運用智慧打一場漂亮的勝仗。

齊曼在一九八四年受命出任可口可樂公司總經理，當時的可口可樂公司面對百事可樂步步進逼，情況甚為蕭條，因此，公司對他寄予厚望，希望靠他的營銷長才扭轉乾坤，一掃頹敗局面。

齊曼擬定的經營戰略是從改變可口可樂的配方著手，向市場推出全新口味的「健怡可樂」，然後搭配強勢行銷廣告，希望藉此取得轟動效果，一舉拉抬銷售量。不過，他卻犯了一個致命的錯誤，在推出健怡可樂之時，卻沒有持續讓舊配方的可樂上市。

結果，強調新口味的健怡可樂完全打不進市場，讓原本就每下愈況的可口可樂公司猶如雪上加霜，銷售額直線下降，短短七十九天之後，舊配方可樂被迫以「古典可口可樂」為名，緊急重新回到超級市場的貨架上。

一年之後，齊曼黯然離開了可口可樂公司。

這對齊曼來說，無疑是一次巨大的挫敗，它不僅僅使齊曼蒙羞受辱，還徹底損害了他多年以來苦心塑造的個人形象。但是，齊曼並沒有因此而一蹶不振，他離開可口可樂公司後，終日閉門苦思，有長達十四個月的時間不曾與外界的人說過一句話。

當時，齊曼的心境十分孤獨，但他並不沮喪消沉，後來，他與友人合資開了一家諮詢公司。他在亞特蘭大簡陋的地下室中辦公，憑著一台電腦、一部電話和一台傳真機，為微軟公司等客戶提供諮詢服務，就連可口可樂公司也曾來向他尋求建議。

七年之後，齊曼終於東山再起，重新回到可口可樂公司，為可口可樂再創輝煌的銷售紀錄，也幫助公司改進經營管理。

對於這段歷程，可口可樂公司董事長羅伯特·戈塔事後感慨地說：「我們由於不能容忍錯誤而喪失競爭力，現在我們終於明白，一個人只有在不斷前進的過程中，才有機會摔倒。」

英國詩人布萊克曾說：「正如水果不僅需要陽光，也需要涼爽的夜晚和寒冷的水才能成熟，人生不僅需要成功的歡樂，也需要失敗的考驗。」

假如你不曾失敗過，那麼，就應該體驗一下失敗的滋味，如此才能積累更成功的資本。

人生的遊戲不在於是否拿到了一副好牌，而是要知道如何將一手爛牌打好，從來都沒有所謂的常勝軍，只有勇於超越自我的成功者。

一個真正有智慧的人，即便自己已經跌入谷底，仍會懷抱著感恩的心，透過逆境的砥礪，讓自己的人生重新開始。

相信自己，幸運自然就會降臨

美國作家桑塔亞納曾說：「哥倫布發現了一個世界，卻沒有用航海圖，他用的是在天空中釋疑解惑的『信心』。」

一塊磁鐵可以吸起比它重十二倍的重物，但是，如果你除去它的磁性，它甚至連輕如羽毛的東西都吸不起來。

人也有兩種，一種是有磁性的人，他們對自己充滿了信心，知道自己一定會成功；另外一種是沒有磁性的人，他們充滿了畏懼和懷疑，機會來臨之時，他們卻說：「我可能會失敗，人們會恥笑我。」

於是，這類人在生活上一無所成，這是因為他們害怕前進，所以只能停留在原地打轉。

阿爾法原本經營農具買賣的小本生意，過著平凡的生活，但是他並不滿足這種情況。他覺得房子太小，也沒有足夠的金錢購買自己想要的東西，儘管他的妻子從來都沒有抱怨，只是阿爾法總是想著：「我的內心深處越來越不滿足，特別是我看見妻子和兩個孩子都沒有過好日子之時，心裡總是有著深深的愧疚感。」

後來，阿爾法的生活有了極大的變化，他不僅擁有一個佔地二英畝的漂亮新家，也不用擔心能否送孩子上一所好的大學，妻

子在花錢買衣服的時候也不再有過去那種罪惡感。他發現這才是他真正想過的生活。這一切的發生，是因為他運用了信念的力量。

有一天夜晚，他坐著沉思，突然感到自己非常可憎。

「到底是什麼原因呢？為什麼我老是失敗？」

於是，他拿了一張信箋，寫下五個自己非常熟悉的、在近幾年內成就遠遠超過他的人名。

他問自己：「什麼是我這五個朋友的優勢？」

他把自己的智力、能力與他們做了一番比較，終於，他想到了另一個成功的因素，那就是自信心。

當時已經凌晨三點了，但是他的腦子卻十分清醒，因為他發現了自己無法出人頭地的弱點。

從小，他就很缺乏自信，總是在自尋煩惱，總是對自己說不行，因此所做所為幾乎都是在表現這種自我貶抑。

現在，他終於明白，如果自己都不信任自己的話，那麼就沒有人信任他，於是他決定，從今以後要徹底改變自己。

經過深刻反省之後，他認識到自己的價值，結果，他成功了，得到了自我認同的無限價值。

美國作家桑塔亞納曾說：「哥倫布發現了一個世界，卻沒有用航海圖，他用的是在天空中釋疑解惑的『信心』。」

你對自己有多少認同，你對自己有幾分自信？

不管眼前的際遇如何，只要懷抱著希望，人生隨時可以重新開始，阿爾法的故事無疑是最好的示範。請相信你自己，別人如何看你並不重要，重要的是你怎麼看自己，只要你確認了自己的生命意義和生活目標，幸運自然就會降臨。

成功的秘密，就在於失敗經驗的累積

有位哲人曾經說過一句雋永的話語：「得到成功的最好方法，就是增加失敗的比例。」

拿破崙曾經說過：「輝煌的人生並不在於長久不敗，而在於不怕失敗。」

的確，人生最大的光榮，不在於永不失敗，而在於屢仆屢起。

只有經歷過失敗的人才會知道，什麼是致勝秘訣，因為唯有經由失敗的教訓，你才有機會尋找出全新的觀點和方法。

根據統計，一九七九年一整年，波士頓拳擊明星詹姆斯，被擊中的記錄竟然高達三千多下。

有一位記者故意揶揄地問他：「挨了這麼多拳，你不怕腦袋受影響嗎？」

他笑著回答記者：「怎麼會呢？其實，我就是因為這些打擊，腦袋才變得聰明起來。」

對詹姆斯來說，失敗與成功是他生活路上兩個必備的元素，想成功就要有失敗的經驗；有了失敗，才有更多成功的機會。

有位年輕的記者曾經問愛迪生這樣一個問題：「愛迪生先生，

當你在進行實驗或發明新東西的時候，一定會遇上很多困難和麻煩，不知道當你成功的時候有何感受？」

愛迪生回答：「年輕人，你才剛開始你的人生，送你一個觀念，相信會讓你受益無窮。其實，我從來就沒失敗過，因為這些阻礙讓我成功地發現，哪些方法對於發明根本沒有任何作用。」

是不是很有趣的啟示？

如果愛迪生把每一個失敗都視為失敗，處處受限於困難的情境中，也許會讓他消沉，但是他卻把失敗都視為另一種成功，因而才有勇氣更積極地進行下一個「成功的發現」。

你呢？對於挫折和失敗經驗，你都怎麼看待？

只要你永不放棄，失敗就會是你為成功加分的小法碼。

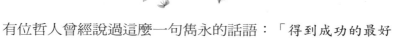

有位哲人曾經說過這麼一句雋永的話語：「得到成功的最好方法，就是增加失敗的比例。」

因為，只要你能認真把每一個失敗的經驗整理起來，仔細評析失敗的原因，找出癥結所在，並引為警惕，自然不會重蹈覆轍，那麼每一次失敗也就等於縮短成功的距離了。

換句話說，雖然你無法掌控眼前發生的事，但卻可以完全掌握自己對它的反應。你的反應代表你對生命掌握的能力，你可以選擇被失敗的巨浪淹沒，也可以像衝浪高手那樣站在巨浪的頂端。

失敗只是人生路途中的一個逗點，如果你就這樣停留在這個「點」上，不再繼續向前，那麼你註定是一個失敗者。

當然，倘使你把失敗視為一個臨時休息站，補足了體力就準備再出發，那麼，你爬上高峰的機會便又再進一步，而且接下來，不管再多的風雪阻撓，你都一定能克服。

每一個逆境，都是你磨練的機會

日本作家池田大作在《青春寄語》裡寫道：「成功絕對不是別人賜予的，而是一點一滴在自己生命之中築造起來的。」

只有具備不怕失敗的勇氣與鬥志，才可能打造最成功的自己。

一個不敢迎接生命中的各種挑戰，也不懂得將逆境視為磨練機會的人，成功之路終將遙遠漫長。

回想一下小時候，為了學會騎腳踏車，我們不是常常摔車，而且弄得渾身是傷，但是我們還不是把它學會了？

找回學騎腳踏車時的精神，把每一個逆境都視為考驗，只要克服了困境，你就能因為堅強，而擁有更豐富精采的人生。

《百年孤寂》的作者馬奎斯，被全球權威文學評論家推選為世界十大作家之首時，曾說了這樣一段話：「我非常感謝文學評論家對我的厚愛，我也非常珍惜這些榮耀，但是，我更珍惜創作過程所受的各種打擊、挫折和失敗。至今我仍然清楚地記得偉大的編輯家德託雷先生，要不是他毫不留情地退回了我的第一部小說，我就不會有如今的成就……」

原來，馬奎斯二十二歲時，完成了第一部小說《獨裁者的秋天》，這是一本現今各文學評論家評價非常高的作品，可是在當

時，這部書稿卻屢遭各出版社退稿的命運。

有一次，當他把書稿送到阿根廷著名的洛柯達出版社後，不久便收到該社審稿的編輯，西班牙著名文學評論家德託雷寄來的退稿，其中還附了一張嚴峻批評：「此書毫無價值，甚至在藝術上也無可取之處。」

這位偉大的編輯家還給他一個相當苛薄的忠告，建議馬奎斯最好改行，從事其他工作，免得浪費生命。

受到這樣嚴厲的批評，相信一般人會因而放棄，甚至會罵德託雷太狂妄高傲了，但馬奎斯在榮獲十大作家之首時，卻以非常誠懇的態度，讚美德託雷是個偉大的編輯。因為，要不是德託雷的嚴厲批評，馬奎斯就不會有今天這麼偉大的成就。

這次退稿，反而讓馬奎斯更積極磨練自己，因為他不服氣，儘管面對重重挫折和失敗，仍然咬緊牙關持續創作，終於榮登世界文學的最高峰，成為世界級大師，也得到諾貝爾文學獎殊榮。

日本作家池田大作在《青春寄語》裡寫道：「成功絕對不是別人賜予的，而是一點一滴在自己生命之中築造起來的。」

每一個跌倒，都要把它當作成功之前必經的磨練。

小時候騎腳踏車跌倒，我們可以拍拍屁股繼續練習，現在遭遇失敗挫折，不也應該保有這種精神。

不一定是準備成為世界級的人物，才需要這樣的堅強，要記住，樂觀地看待眼前的生活，每一種困境都是你磨練的機會，越是嚴苛的考驗，越能讓你有不平凡的磨練和啟發。

沒有毅力，就不可能創造奇蹟

英國物理學家哈密頓就曾說：「只要有耐心，感覺敏銳，即使智力不佳，也能在物理學上有新發現。」

你一定聽過，有些人的一天是四十八小時吧！

你覺得不可思議嗎？

其實一點也不，因為對他們而言，沒有什麼分配不了的時間；有效率、有毅力的人，時間是在他們的手中任意調配的。

德國著名的詩人歌德一生成就非凡，但是，誰也沒想到，他其實是一位業餘的作家。二十六歲時，艾瑪公爵請他擔任行政方面的工作，還要長期負責舞台的監督工作，一直到了晚年他才有較多的時間寫作。

歌德流傳於世的著作共有一百四十三本，其中有一本世界文學的經典之作《浮士德》，內文長達一萬二千一百十一行。

這些著作是他以驚人的毅力，不浪費生命裡的每一分每一秒，用盡一切辦法，把每一個空檔時間都充分利用的成果。

如果把時間視為流水，那麼你也可以像歌德一樣，用毅力把流水積聚起來，做個可以為自己人生發電的「攔水壩」。

沒有毅力就不會有奇蹟，在成功案例裡的每一個成功者，都

是善於運用時間縫隙的人。

　　正如達爾文所說的：「任何科學發明，都得經過長期的考慮、忍耐和勤奮才能成功。」所有科學家都公認，毅力甚至比智力還要寶貴，例如，英國物理學家哈密頓就曾說：「只要有耐心，感覺敏銳，即使智力不佳，也能在物理學上有新發現。」

　　這也就很多公司在應徵人才的時候，為什麼會有這樣的一條要求：「要能刻苦耐勞」，現在你明白其中道理了吧！

　　那你呢，有沒有具備這樣的特質？

　　美麗的人生，因為有風有雨點綴，才會顯得更加壯麗，生活不可能總是一帆風順，唯有堅持不懈，才會擁有這美麗人生。

　　人生不必苦短，因為你可以掌控你的時間，只要充滿毅力，時間會因為你的努力而加長；對於沒有決心的人，為了避免他們過度浪費，時間會自然縮短。

　　時間分分秒秒的走動都是為了你，如果你再不好好運用，生命時間肯定會快速轉動！

改變腦袋才可能擁有未來

英國詩人布萊克曾說：「固執己見的頭腦，就像是一潭死水，養育著專門危害思維的爬蟲。」

你認為，世界首富比爾・蓋茲的身上最有價值的財富是什麼？

其實，比爾・蓋茲最有價值的財富，既不是他的億萬資產，也不是他的微軟公司，而是他擁有一個開闊的頭腦，這才是讓他成就外在成功和累聚財富的最大資產。要說明這一點，最好例證就是微軟公司在網際網路時代開始之前，就已經成功轉型了。

早在一九九三年，比爾・蓋茲就以七十億美元的個人財富，榮登《富比士》世界富豪排行榜首位；到了一九九五年時，微軟公司更是以操作系統和軟體稱霸個人電腦市場。

可是，比爾・蓋茲有一次差點犯了個天大的錯誤，因為他沒有及時地意識到世界網路時代的到來，將使得資訊技術和全球經濟的發展產生革命性的影響。還好，隨時保持對世界脈動敏感的他，在關鍵時刻聽取別人的意見，改變了自己的想法，立即全面調整微軟的戰略。

一九九五年十二月，他宣示微軟公司將全面參與，並贏得這場全球網路市場之爭。於是，微軟公司開始生產網路瀏覽器、伺

服器等軟體配備，並對微軟公司現有的程序進行網路化。

　　從那時起，微軟公司總部的每個人都進入了網路時代，在這個大建築裡，每個角落都正進行著網路連接的開發工作。

　　一九九六年二月，微軟公司成立了專門從事網路產品的開發部門，員工人數激加到了二千五百人，是其他五大網路新貴員工的總和。比爾‧蓋茲說：「現在，網際網路對我們來說極為重要，它將會帶動一切運轉，而我們所生產的軟體配備，都會是最重要的產品。」

　　比爾‧蓋茲對市場趨勢看得很清楚，到了一九九六年，網路的發展變得極為蓬勃，微軟公司也順勢躍居為網路世界的新統治者，攻佔了瀏覽器市場的三分之二。

　　你一定好奇，為什麼比爾‧蓋茲這麼快就能醒悟？

　　那是因為他對於一件事的過去和未來都非常熟悉。有些市場的領導型企業，比如通用汽車、IBM……之類的公司，領導人員就是不能洞察趨勢的變化，才會栽了觔斗。

　　如果他墨守成規、固執己見，那麼他可能提出這樣的質疑：「微軟公司是否會被世界網路的浪潮淹沒？」

　　但是，比爾‧蓋茲沒有給其他人乘虛而入的機會，他根據資訊技術的最新發展，調整了自己的思維。

　　英國詩人布萊克曾說：「固執己見的頭腦，就像是一潭死水，養育著專門危害思維的爬蟲。」

　　數位化時代，沒有什麼比及時調整自己的腳步更為重要，只是這需要一個開闊而充滿前瞻性的頭腦，如果你是個保守、固執的人，想擁有永續的成功肯定是不可能的。

跌倒七次，站起來八次

日本當代名作家池田大作在《青春寄語》
裡說：「人生恰恰像馬拉松賽跑，只有堅
持到最後的人，才能稱為勝利者。」

美國名牧師弗列特‧羅伯林說：「信念可以使人變強，懷疑
會麻痹人的活力，所以，一個人對自己的信念就是超強的力量。」

跌倒的人只要能馬上再站起來，那麼，他就已經比別人多了
一次機會，也比那些還躺在地上呼天搶地的人，往成功的路上多
跨了好幾步。

有一位父親很苦惱自己孩子的未來發展，因為他的兒子已經
十六歲了，卻相當自卑、懦弱，一點男子氣概都沒有。

於是，父親前去拜訪一位知名的空手道教練，懇請他訓練自
己孩子的體魄。這位教練沈吟了一，說道：「好吧，你把孩子送
到我這裡，三個月後我一定可以把他訓練成堅強勇敢的年輕人，
不過，你必須記住，在這三個月裡，你不可以來看他。」

父親雖然有點難捨，但是為了孩子的將來，還是同意了。

三個月後，父親來接孩子，教練於是安排孩子和一個空手道
選手進行一場比賽，以展示這三個月來的訓練成果。

但是，情況卻和父親想像的相差甚遠，只見選手一出手，孩

子便應聲倒地，雖然他很快地再站起來繼續迎接挑戰，只是馬上又被打倒，於是他又再次站了起來，就這樣來來回回一共被打倒七次，站起來八次。這時，教練問站在一旁觀看的父親：「你覺得你的孩子表現得夠不夠堅強勇敢？」

父親鐵青的臉上難掩失望之情，說道：「真是讓人羞愧，想不到我送他來這裡受訓三個月，看到的結果卻是這副慘狀。唉，他竟然辜負了您的訓練，被人一打就倒。」

教練聽完，不以為然的說：「這種講法並不正確，因為你只看到了表面的勝負，難道你沒有看到你的孩子倒下又站起來的勇氣和毅力嗎？其實，他已經具備面對生活的正確態度了啊！」

日本當代名作家池田大作在《青春寄語》裡說：「人生恰恰像馬拉松賽跑，只有堅持到最後的人，才能稱為勝利者。」

一個人的成就永遠跟他被打倒時展現的態度成正比。

一個人之所以能夠成功，並不在於身處順境展現多少能力，而是在於陷入困之時，能否勇敢面對，堅持到底挺過難關。

世間沒有萬勝不敗的英雄，人生的光榮也不在於永不失敗，而是在越挫越勇的精神和在行動中摘取勝利的果實，只要站起來比倒下去多一次，那麼你就是成功的人。

PART 3

不要讓失敗
對自己造成傷害

奧地利心理學家艾德勒說：

「你愈不把失敗當作一回事，

失敗就愈不能對你造成傷害，

只要保持心態的平衡，成功的可能性也就愈大。」

你也可以戰勝生命中的暴風雨

義大利作家梅塔斯塔齊爾曾經寫道：「一棵
纖弱的灌木，雖然在暴風雨中屈身地搖晃，
但它最終能戰勝暴風雨。」

許多成就不凡事業的成功人士都提醒我們：災難是人生的試
金石，困難是人生的教科書。

確實如此，不管做什麼事情，只要你勇敢面對，堅持不懈，
保持積極的態度向前邁進，目標就一定會實現！

當代激勵大師安東尼·羅賓在某次演說中談及如何面對挫折
時，曾講了一個朋友在一次滑雪比賽中，體驗到一個深刻的經驗。

這位住在明尼蘇達州的朋友一時興起買了滑雪板，隨即就報
名參加滑雪訓練，後來還參加一次高難度的滑雪比賽。

在這次比賽當中，開始時他滑得很順利，速度快而且俐落而
漂亮，但是，就在他滑了四分之一之後，開始覺得有點力不從心。

他眼睜睜地看著別人輕輕鬆鬆從身邊滑過，不一會兒工夫，
一大片雪地上就只剩下他一個人，孤零零地在冰天雪地裡中吃力
地滑著，這時候他整個心裡充滿挫敗感。

他本來打算要用兩個小時滑完全程，但是，嚴寒的風雪刺痛
了他的全身，體力也消耗得差不多，四肢無力的他，開始萌生放

棄的念頭。

　　但是，偏偏身處偏僻的深林裡，加上積雪相當寒冷，他只能把這個念頭暫時擱置，先努力滑到終點再說，於是他就這樣支持了下去。

　　在這個過程中，他一直幻想著，期望路旁會有散發著溫暖熱氣的小木屋出現，或是希望有輛急救車突然出現，推開積雪把他帶走。當然，這些都是空想而已，但是就這樣想著、滑著，他終於硬著頭皮滑完了全程，而且時間跟預期的差不了多少。

　　安東尼‧羅賓說，這朋友對自己的這件事總是津津樂道，而且每次都講得口沫橫飛。因為，這件事給了他一個認識自己的機會，更給了他一個努力堅持而得到勝利的美好記憶。從此之後，他在生活中不管碰到任何艱難險阻，都不再害怕、退縮了。

　　義大利作家梅塔斯塔齊爾曾經寫道：「一棵纖弱的灌木，雖然在暴風雨中屈身地搖晃，但它最終能戰勝暴風雨。」

　　人必須活在當下，把怠惰的心情，轉化作奮發向上的力量，才是成功的保障。

　　壯志與熱情是夢想的羽翼，自信與堅韌是成功的階梯，只有時時鞭策自己的人，才能穿越荊天棘地的人生道路。

　　生命中的暴風雨其實並不可怕，只要你肯挺身勇敢面對它。

　　只要你經歷失敗挫折時，毫不放棄、堅持不懈，當你通過了這個考驗，累積了這個艱苦的經驗，品嚐過了付出後的甜美豐收，往後任何失敗和困難，你都會覺得輕鬆簡單，不再輕易放棄。

只要堅持下去，事情一定會有轉機

法國文豪巴爾札克說：「苦難對於一個天才是一塊墊腳石，對於能幹的人是一筆財富，而對於庸人卻是一個萬丈深淵。」

任何苦難，都一定會有盡頭。

如果，你可以回想到最難過的曾經，那就表示那個「曾經的苦難」已經走過去了，就像電視劇一樣，不管播了幾百集，一定會有第一集的開始，自然也會有最後一集的大結局。

不論目前如何，只要能堅持下去，事情就一定會有個結局，同時還會接著播映另一個好開始。

美國著名的體育播報員羅納德經常鼓勵失敗的人：「只要堅持下去，有一天情況總會好轉。」

這是因為，每當他感到失意沮喪的時候，他的母親便會對他說：「如果你堅持下去，總有一天，你一定會等到好運氣和機會降臨，而且到時候你會知道，如果沒有經歷過失望，你不會有這個成功的機會。」

母親的這番話，在他大學畢業後真的實現了。

當時，他希望能成為一位體育播報員，於是從伊利諾州搭了便車千里迢迢前去芝加哥，親自拜訪每一家電台，但每次都碰了

一鼻子灰。

在拜訪的過程中，有一家電台的廣播小姐和氣的告訴他，大電台是不會冒險僱用一名毫無經驗的新手。

「去找家小電台試試，或許那裡的機會比較大。」她勸告羅納德說。

於是，他又搭便車回到了伊利諾州的迪克遜，但是仍然沒能如願，失望之情從他臉上一看就知。

「最好的機會總會到來。」這時，母親提醒他說。

於是，他再度出發，試了愛荷華州達文波特的 WOC 電台。節目部主任是位很不錯的蘇格蘭人，名叫彼特‧麥克阿瑟，他說他們剛新聘了一名播音員，於是羅納德便帶著非常失望和沮喪的心情離開他的辦公室。

此時，他受挫的鬱悶一下子發作了起來，大聲地說：「我要是不能在電台工作，如何能當一名體育播音員呢？」

當他在等電梯時，突然聽到麥克阿瑟的叫聲：「請問，你剛才說什麼體育？你懂得橄欖球嗎？」

羅納德點了點頭。接著麥克阿瑟讓他站在一個麥克風前，要他憑想像力播報一場比賽。

於是，羅納德開始播報前年秋天，他參加的橄欖，在最後二十秒時以一個六十五碼球擊敗了對方……。

隨後麥克阿瑟告訴他，他將開始播報星期六的一場比賽。在回家的路上，他想起了母親的話：「只要你堅持下去，總有一天你會遇上好運，並且你會明白有了這些挫折和堅持，生命裡會有很多希望和機會將發生。」

飽受逆境折磨的法國文豪巴爾札克說：「苦難對於一個天才是一塊墊腳石，對於能幹的人是一筆財富，而對於庸人卻是一個萬丈深淵。」

有人在厄運和不幸面前從不屈服，也不退縮，更不動搖，會頑強地和命運抗爭，因而能在重重的困難中，衝開一條通向勝利的路，成為征服困難的英雄。這樣用積極態度面對人生的人，同時也是一個掌握自己命運的主人。

要判斷一個人的成就如何，端視他能否打敗自己的怯懦和怠惰，因為，構成成功最大障礙的，並不是別人，而是自己。

危機就是超越自我的契機

作家亞布杜拉·何塞因說：「所謂的力量，並不是體力的代名詞，真正的力量是肉體與意志結合之後所激發的能量。」

美國總統威爾遜曾經說：「要有自信，然後全力以赴，假如有這種信念，任何事情十之八九都能成功。」

生命中的任何危機都是一次挑戰、一次機遇，只要你不被眼前的險境嚇倒，而勇於奮力一搏，相信你就會因此而創造出超越自我的奇蹟。

法國某個野外軍用機場，曾經發生一件令人感到不可思議的奇蹟。

一個艷高照的午后，一位名叫桑尼的飛行員，正神情愉快地用自來水槍清洗他平日駕駛的戰鬥機。

突然，有個人用力拍了一下他的後背，桑尼回頭一看，頓時嚇得面無血色，發出一聲驚叫，因為拍他的竟然是一隻又壯又碩的大灰熊，牠正舉著兩隻大爪，站在他的背後！

這時，桑尼急中生智，迅速把手上的自來水槍轉向大灰熊，不過，也許是用力太猛，在這個緊急的時刻，自來水槍竟然從手中滑脫，而大灰熊則朝著他撲了過來。

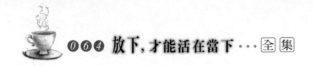
這時，桑尼本能地閉上雙眼，使盡了全身力氣，縱身一躍，跳上了機翼，然後大聲呼喊求救。

站崗的哨兵聽見了求救聲，連忙拿了衝鋒槍跑了出來，看見了大灰熊，立即朝著牠連開了數槍，不久就將牠擊斃了。

事後，每個人都對桑尼的跳躍能力感到非常困惑，因為機翼離地面最起碼有二公尺多高，桑尼竟然能在完全沒有助跑的情況就跳了上去，簡直是一件神奇的事情。

於是，大家都開玩笑地對桑尼說，不如去當個跳高運動員，必定創造世界紀錄，為國爭光。在大家慫恿下，桑尼再次嘗試立定跳高，但是做了好幾次試驗，都沒能再跳上機翼。

作家亞布杜拉·何塞因說：「所謂的力量，並不是體力的代名詞，真正的力量是肉體與意志結合之後所激發的能量。」

身處險境，遇上困難的時候，每個人都會本能地想辦法保護自己、拯救自己，也經常像飛行員桑尼一樣，激發令人難以置信的潛能。

心理學家一再告訴我們，大部份的潛能都是在真正遇上困難時才會被激發。所以，不要害怕遇上困難和挫折，正因為有了它們，你才有機會發現自己的潛能，也才能知道，原來沒有什麼事是不可能的。

不要讓失敗對自己造成傷害

奧地利心理學家艾德勒說：「你愈不把失敗當作一回事，失敗就愈不能對你造成傷害，只要保持心態的平衡，成功的可能性也就愈大。」

有位作家曾說：「我不認為『失敗』會使我們失去什麼，因為真正的失敗是我們連試都不試就想放棄。」

的確，許多人在失敗之後常常說「本來是會贏的」之類的說法，他們並不是不可能成功，而是他們老早就已經放棄了。

約翰・克利斯是一位英國小說家，著作等身的他，一生總共寫過五百六十四本書，但是，在成名之前，他所遭遇的退稿挫折可一點也不少於他出版過的書量。

就算名作家瑪格麗特・米契爾在成名作《飄》出版前，收到的退稿也不少於此；梵谷在他有生之年，幾乎沒有賣出任何一幅畫；全壘打王貝比・魯斯剛進大聯盟的時候，也只有坐冷板凳的份，有誰知道後來他會擊出了七百十四支全壘打……。

許多名人幾乎都歷經了各種挫折，甚至難堪的際遇，才能有今天的成就。這些成功的人之所以成功，是因為他們懂得從失敗中獲得智慧。

沒有任何人天生就是贏家，贏家都是跌了好幾次跤才走到現

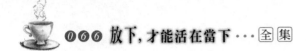

在的寶座，他們擁有的傷痕肯定比得到的獎牌還要多。

　　那是因為他們在成功的關鍵時刻，明白只要再支撐一分鐘，就還有機會改變自己的命運。

　　大多數人都只想追求速成的成功，認為一生中最重要的就只一個「贏」字，一旦失敗了就怪罪別人、歸咎環境，甚至埋怨老天，總是給自己一大堆藉口推卸責任，可是，當他們成功的時候，卻很少會把功勞歸給旁人。

　　奧地利心理學家艾德勒說：「你愈不把失敗當作一回事，失敗就愈不能對你造成傷害，只要保持心態的平衡，成功的可能性也就愈大。」

　　明白艾德勒所說的意思嗎？

　　其實，這就是禪宗所說的平常心。當你因為想做而去做，為了夢想前進而前進，那麼連失敗都有正面的價值！

　　去問一問溜冰高手怎樣才能學會溜冰，相信他一定會告訴你：「跌倒，爬起來，你就成功了。」

成功和失敗都不可能單獨存在

日本作家松本順在著作中寫道：「失敗永遠是使人奮發向上的跳板，只有這樣認識失敗，而又能努力不懈的人，才是前途光明的人。」

每當一個人有所得的時候，同時也必然有所失，相對的，當他遭遇失敗的時候，通常也是站在另一個成功的起點。

成功和失敗都不可能單獨存在，而是彼此相依相存的。

一九三八年，本田宗一郎變賣了所有家當，全心全力投入研發更精良的汽車火星塞。他日以繼夜地工作，累了就倒頭睡在工廠，終日與油污為伍，一心一意只期望能早日把產品製造出來，好賣給豐田汽車公司。

他全心全力投入，甚至變賣了妻子的首飾，總算產品完成了，並送到豐田公司審核。豐田公司審核品質後，卻評定產品不合格而將它退回。

但是，本田宗一郎並不氣餒，為了得到更多的相關知識，重回校園苦修兩年。

雖然他的設計經常被老師或同學們嘲笑，但他一點也不以為苦，咬緊了牙關往自我期許的目標前進，終於在兩年後取得了豐田公司的購買合約，完成他長久以來的心願。

當時，正處於第二次世界大戰期間，日本政府禁止民間買賣軍需物資，此外，戰爭期間，本田宗一郎工廠也免不了遭受美國空軍轟炸，還毀掉了大部分的製造設備。

不過，本田宗一郎在這樣的困境中，還是毫不灰心地找來一批工人撿拾美軍飛機所丟棄的炸彈碎片，還戲稱那些是「杜魯門總統送的禮物」，把它們變成本田工廠製造用的材料。

第二次世界大戰結束，日本又遭逢嚴重的汽油短缺，本田宗一郎又他想出了新點子，試著把馬達裝在腳踏車上，他知道如果成功了，這樣新的交通工具，大家一定會搶著要。

果不其然，他裝了第一部之後就再也沒有停下來了，直到所有的馬達都用光了。

這時他想，不如再開家工廠，專門生產他發明的摩托車，但是有一個難題必須克服，遭逢幾次天災人禍，他手上已經沒有任何資金可以運用。

最後，他想出一個辦法，求助於日本全國十八萬家的腳踏車店，挨家挨戶的解說他的新產品，讓他們明白產品的特色和功能，結果讓他說服了其中的五千家，也湊齊了所需的資金。

時到今日，本田汽車已經成了日本最大的汽車製造公司之一，在世界汽車行業也佔有一席之地。本田汽車能有今天的成就，全靠本田宗一郎始終不變的決心和不畏艱難的毅力。

日本作家松本順在著作中寫道：「失敗永遠是使人奮發向上的跳板，只有這樣認識失敗，而又能努力不懈的人，才是前途光明的人。」

有失敗才會有成功，能成功就一定曾經失敗，這就是成功的

相對定律。

　　如果你問一個一帆風順的人，是否覺得現在很成功，相信他一定會回答你：「不就這樣，沒什麼好或不好。」

　　但是，要是你問一問名人們成功的過程，相信他們會異口同聲的告訴你：「其實，我也辛苦過好久。」

　　因為失敗，你才會懂得珍惜成功，當你知道成功和失敗原來是相輔相成的最佳拍檔，就不會再害怕失敗！

不斷創新才能敲開成功的大門

蘭德在自傳中強調的：「一個企業不僅要不斷地推出新產品，更要知道下一步該怎麼走，如何不斷地成長、前進，這樣的企業才不會停滯不前。」

慾望是讓人向上的動力，但是過多的慾望往往會讓人一事無成。

為什麼會造成這種情形呢？

這是因為，慾望太多的人往往容易朝三暮四，想得多卻做得少，始終跨不出行動的第一步，長此以往，自然也就一事無成了。

人生最有趣的事就是棄舊迎新，時時創造嶄新而美好的生活。

當你對別人的成就投以羨慕和嫉妒的眼神時，有沒有反省過，為什麼自己一直停留在原地打轉？

當別人不斷成長和革新的時候，自己都在做些什麼事呢？

美國著名的發明家埃德溫·蘭德，以研發拍立得相機而聞名世界，不僅如此，他還是世界上最成功的著名企業家之一，光是他所獲得的專利權就高達了二百多項。

一九三七年，蘭德正式成立了「拍立得」公司，不久有人把他介紹給華爾街的大老闆們，這些大老闆們對蘭德的能力和工作效率十分賞識，因而提供了三十七·五萬美元的信貸資金，讓他研發將偏光片應用到汽車的前燈，以減少車禍發生。

　　一九三九年，「拍立得」公司在紐約世界博覽會上，推出了「立體電影」則造成了轟動，觀眾必須戴上該公司生產的特殊眼鏡才能入場，因為新鮮感十足，這次再為「拍立得」賺進了一大筆財富。

　　有一次，蘭德替女兒拍照，她的女兒很不耐煩地問：「爸爸，到底要等到什麼時候，才能看到照片呢？」

　　因為這句話，讓蘭德突然有了奇想，經過多年的研究，終於讓他發明了瞬間顯像照相機，他將之取名為「拍立得」。

　　當「拍立得」公司在一九三七年剛成立時，銷售額為十四‧二萬美元，一九四一年則成長到一百萬美元，一九四七年更達到一百五十萬美元。

　　等到「拍立得」相機開始上市後，公司銷售額更從一百五十萬美元激增到六千七百五十萬美元，十年之內成長了四十倍，成長率非常驚人，甚至可說是一個奇蹟。

　　但是，蘭德並沒有因此而停住創新的腳步，六〇年代初期，他又製造出一種價格便宜，還能立即時拍出彩色照片的新相機。

　　蘭德在自傳中強調的：「一個企業不僅要不斷地推出新產品，更要知道下一步該怎麼走，如何不斷地成長、前進，這樣的企業才不會停滯不前，而是充滿活力的永續經營。」

　　其實，生命的流程也是如此，適應變化的唯一方法就是創新。

　　身在今日變化萬千的數位時代，成功的人，多半是那些不願因循守舊、勇於大膽創新的人。

　　因為勇於創新，他們才能與眾不同，也才能站穩腳跟，打開成功的大門，在競爭激烈的時代中獲得勝利。

不要為自己的退縮找藉口

法國作家杜伽爾在《蒂博一家》裡寫道：
「如果不把生命、思想、信念化為行動，
那麼，所有的一切就什麼意義也沒有。」

　　成功的法則很簡單，當你為自己訂下計劃並跨出第一步，只
要堅持到底就一定會成功。只是，一路的意想不到和滿路的荊棘，
外加隨之而來的困難與障礙，往往讓你面臨各種挑戰和考驗。

　　這時候，或許你會找藉口讓自己鬆懈、退縮，甚至放棄。當
然你可以這麼做，但是，如果你想成功，希望得到歡聲雷動的喝
采，你就不能給自己任何退縮和放棄的「藉口」。

　　美國西點軍校是培育優秀將領的搖籃，在該校受訓的學生，
有四條必須嚴格遵守的校訓，其中一條就是：沒有任何藉口。

　　這是西點軍校由來已久的傳統，不管是遇到學長或長官問話，
新生只能有四種回答：

　　「報告長官，是！」

　　「報告長官，不是。」

　　「報告長官，沒有任何藉口。」

　　「報告長官，不知道。」

　　除此之外，可不能多說任何一個字。

平時如果長官問：「你認為你的皮鞋這樣算擦亮了嗎？」

一般人的第一個反應，肯定是急著為自己辯解：「報告長官，剛才不小心有人踩到我的腳。」

但是，在西點軍校絕對不能這樣回答，因為任何辯解都不被允許，你只能從上面那四個標準回答中做選擇，回答說：「報告長官，不是。」

長官如果再問為什麼，你也只能說：「報告長官，沒有任何藉口。」

也許你會認為他們是在軍校受訓，當然要這麼嚴格。但是，培養這樣的生活態度，在任何領域都非常受用。

你必須學會忍受一切，不管事情如何發生，重要的是你有沒有行動力，因為你在皮鞋被踩到的當下就要重新擦拭乾淨，或者一開始就要避免這樣的事情發生。也許你會認為這樣並不公平，但是，人生本來就充滿不公平，只要有這個觀念，你就會用堅強的毅力激發自己的潛能，讓生活除了行動之外還是行動。

法國作家杜伽爾在《蒂博一家》裡寫道：「如果不把生命、思想、信念化為行動，那麼，所有的一切就什麼意義也沒有。」

為了成功，無論碰到多大的困難都不要停止行動，對於成功者而言，在種種困難的面前不應該有任何藉口。

只要你不再找理由推託，你就會有充裕的時間實踐你的夢想；只要你不再拿藉口搪塞，你就已經走在成功的道路上。

人生不論好壞都是你自己的，不要再用任何藉口來阻礙你的人生道路，只要你確定了前進的方法和方向，那麼就趕快跨出第一步，相信你很快就會走到夢想的未來！

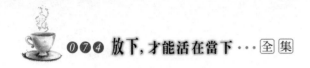

抬起頭，你就能看見生命的出口

俄國文豪托爾斯泰在《安娜卡列尼娜》裡
說：「人生的一切變化，一切魅力，一切
美麗，都是由光明和陰影交錯而成的。」

想要實現自己的生活目標，重點就在於不管身處什麼樣的環境，都必須抱定一個理想，並且不斷地努力爭取，如此才有機會如願以償。

你應該相信，風雨過後將是碧海藍天，走過一段坎坷之後，出現在眼前的就會是一條平坦大道。

有一個資深的登山老手和他的同伴們，在一片迷濛峽谷中迷失了方向，一群人走了三天四夜，都沒有辦法走出深谷。

「為什麼我們走不出峽谷？我心裡好害怕，為什麼世上就不能只有一帆風順？為什麼非得要逼我們走入絕境？」一位同伴絕望地說。

這位登山老手安慰他說：「世界上怎麼可能只有成功而沒有挫折呢？你想想，沒有挫折哪會有成功，挫折與成功就好比這峽谷與高山，沒有這峽谷，哪來的高山！」

「可是，遇到挫折實在很折磨人，就像現在，我們被困在峽谷之中，唯一能做的不就是等死而已嗎？」這位同伴有點歇斯底

里的回應。

登山老手感慨地對同伴說：「你之所以會這麼悲觀，完全是因為你一直低著頭走路啊！」

「難道抬頭走就能找到出路？」同伴抬起頭仰望天空。

「當你抬頭的時候，你看到了什麼？」登山老手問。

「除了高山還是高山啊！」同伴答。

這位登山隊員笑著說：「這就對了，我每次遇到危險的時候，都是這樣抬著頭，一步步走向平安的處所！」

不久之後，這群登山客終於在這位登山老手帶領下，走出了峽谷。

俄國文豪托爾斯泰在《安娜卡列尼娜》裡說：「人生的一切變化，一切魅力，一切美麗，都是由光明和陰影交錯而成的。」

不管是你將碰上或正遇到什麼挫折和困難，都要有充分的認識和心理準備。因為環境的不同，每個人的抗壓和解決能力都各有不同，在不同的環境中也會有不一樣的解決方式，不過，只要充滿積極樂觀的想法，就一定能找到生命的出口。

不管目前的生活環境有多麼困頓，你都必須激勵自己，人生的道路不可能永遠筆直又平坦，就算行走在馬路上，也一定會遇到岔路，必須適時轉彎才能走向目地的。

所以，當我們遇到困難和逆境時，不要徬徨迷惘，也別灰心喪氣，更不應該因為一時的挫折而輕言放棄。

換個角度想想自己的璀璨遠景，抬頭看看無邊無際的天空，你是不是看見了生命的寬廣？

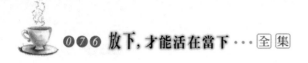

堅持到底就一定能獲得勝利

法國文豪羅曼羅蘭在《約翰克利斯朵夫》中寫道：「人生是一場無休無歇而又無情的戰鬥，只要是人，都得時時刻刻向無形的敵人作戰。」

當你千辛萬苦完成一項艱鉅的工作，相信你一定曾經這麼喊過：「真不敢相信，我竟然真的把它完成了。」

是啊，不管做什麼事情，只要掌握正確的方法，努力不懈做下去，就能為自己創造一個奇蹟了！

有一位俄亥俄州的拳擊冠軍對朋友述說了他的成功經歷。

他在十八歲那一年，第一次奪得州際盃冠軍寶座，那次經歷，一直影響他面對事情的態度。

當時，他的對手已經三十歲了，身高一百七十九公分，已連續三年蟬連全州拳擊的冠軍，是個人高馬大的黑人拳擊手，左勾拳可是令人聞之喪膽。當時主持人宣布這位年輕的選手將出場挑戰時，全場觀眾給他的不是掌聲，而是噓聲。果然不出大家所料，一開始他就被對手擊中，牙齒還被打掉了半顆，滿臉是血的他完全沒有機會回手，甚至連防備都有困難。

中場休息時，他對教練說，他想中途退出比賽，因為這種實力懸殊的比賽無異是拿雞蛋去砸石頭。

教練對著他大吼：「不，你一定行，別怕流血，只要堅持到最後就一定會勝利，我相信你的實力。」

突然，這位年輕選手不知打哪兒來的力量，決定豁出去，當對手的拳頭不斷落在他身上時，他感覺到自己的身體已經不聽使喚了，但他仍然告訴著自己：「堅持，一定要堅持下去！」

不知道是不是他的堅持感動了上天，當然也可能是對手累了，也可能面對他的頑強開始膽怯，他開始有機會反攻。當時，他的汗血流滿全身，模糊了他的雙眼，他只能憑著意志揮舞左勾拳、右勾拳、長拳、上勾拳，用一記又一記的重拳朝著眼前模糊的身影擊去。「是的，我一定能打倒對手！」他不斷為自己打氣。

在最後一剎那，他的眼前像是有無數個對手的身影在晃動，他心裡想，中間那個不晃的影子一定是對手，便對準那個身影揮出最後一擊……

接著，教練跳到擂台上抱著他又唱又跳，當裁判舉起他的手時，他這才發現自己贏了，對手倒在台上，而他奪得了冠軍。

法國文豪曼羅蘭在《約翰克利斯朵夫》中寫道：「人生是一場無休無歇而又無情的戰鬥，只要是人，都得時時刻刻向無形的敵人作戰。」

看完這個拳擊手浴血奮戰的故事，難道你還不清楚生命中的奇蹟怎麼發生的嗎？

人生是個舞台，每個人都得努力演好自己的角色；想要成功，方法只有一個，就是：「堅持下去！」

人生路途上，每個人都有自己的幸福和痛苦，只不過是程度不同而已，能夠用樂觀的心情戰勝困境的人，就是最幸福的人。

用正確的心態面對成敗

面對失敗無須灰心喪志，

雖然沒有人喜歡輸的感覺，

但是，萬一不幸失敗了，

也不失為一次難得的體驗，不是嗎？

放下過去，活出未來

成功其實並不難，只要你願意花心思去學習其他的成功者的行事態度，並且相信自己一定能做到。

幽默作家蕭伯納曾經告訴我們：「就算你不能統治你的國家，至少你應當設法統治你自己。」

能夠統治自己的人，無疑是最偉大的統治者，一個不相信自己的人，相對的，別人也不會相信他。

人類有百分之九十的潛能，都來自於「相信自己」。

只要你願意放下過去，活在當下，便能活出不一樣的未來。

有一個法國人，過了四十歲仍然一事無成，不禁認為自己簡直倒楣透頂了。四十年的生命中，他經歷了離婚、破產、失業……種種不幸的事情。

他不知道自己究竟有什麼生存價值和生命的意義，因此對自己和人生感到非常不滿，不僅脾氣變得古怪、喜怒無常，同時也異常敏感，把大部分時間都花在怨天尤人之上。

直到有一天，遇見一位吉普賽人在巴黎街頭替人算命，他覺得十分有趣，因此上前去試一試，這才改變他的命運。

吉普賽人看過他的手相之後，嘖嘖稱奇地對他說：「你將來

會是一個偉人，你很了不起！」

「什麼？」他大吃一驚：「我會是一個偉人，你沒看錯吧！」

吉普賽人平靜地說：「你知道你前世是誰嗎？」

「還會是誰？」他默默地想著：「當然是個倒楣鬼、窮光蛋，像我這種人，註定是不受上帝眷顧的！」

他故作鎮靜地問：「我前世是誰呢？」

「我已經跟你說過了，你將來會是個偉人！」吉普賽人說：「因為你上輩子是拿破崙哪！你體內所流的血、你的勇氣和智慧，都是來自於拿破崙的啊！先生，難道沒有人跟你說過，你跟拿破崙長得很像嗎？」

「不會吧……」他猶豫地說：「我離婚了……也破產了……找不到工作……又幾乎無家可歸……怎麼會是拿破崙呢？」

「那都只是你的過去！」吉普賽人笑著說道：「你的未來可真不得了呢！如果你不相信，就不用給錢好了！不過，我告訴你，五年之後，你將會是全法國最成功的人，到時候，你再來謝我也不遲！」

身無分文的他，只好裝作極不相信地離開了。但是他的心裡卻湧上了一種前所未有的光榮感覺，他開始對拿破崙感興趣。

只要一有空閒時間，他就上圖書館搜尋有關拿破崙的書籍著述來研究。漸漸地，他發現自己周圍的環境開始改變了，他的朋友、親人、同事、老闆，看他的眼神都變得不同了，事情也逐漸順利起來。

後來，他才領悟到，其實什麼都沒有改變，變的只是他自己。他的一舉一動、思維模式無處不在模仿拿破崙，就連走路說話的樣子都像。

到了他五十歲時，他果真成了一位赫赫有名的億萬富翁，到

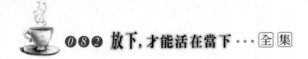

底是不是拿破崙轉世，對他來說已經不重要了。

盧卡斯曾說：「懂得放下的人，不一定懂得活在當下。」

有些人所選擇的「放下」，其實只是欺騙自己的謊話，只是為了逃避自己不敢面對的現實。因此，光是要求自己「放下」還不夠，更重要的是能否在放下之後，還能夠坦然地面對眼前的一切，勇敢地活在當下。

如此，才算是真正放下，更樂觀積極地活在當下。

愛因斯坦曾經說過：「生命會給你所需要的東西，只要你不斷地跟它要，並且在要的時候說得清楚。」

一個人之所以成功，是因為他知道自己想要成為什麼樣的人，而一個人之所以潦倒終身，是因為他始終找不到自己的方向。

成功其實並不難，只要你願意花心思去學習其他的成功者的行事態度，並且相信自己一定能做到。

打破好的，才有更好的

海浪因為在最高峰時破碎，所以才能有繼起的浪花；人一旦站上高峰，如果不能突破，就只能慢慢地滑落。

美國作家奧尼爾在《榆樹下的願望》裡提醒我們：「如果生活的幸福只是對自己眼前境遇的滿足，那就沒什麼價值。」

生活的幸福來自於自我的期許，具有進取心的人不會停留在某個境界太久，為了攀登生命或是藝術的高峰，他們會朝著更高的目標奮勇前進，不斷地戰勝自己，不斷地淘汰自我。

人生是永無休止的自我鍛鍊歷程，不管你已經步上哪一條康莊大道，你都要期許自己：「明天會更好。」

某位知名雕塑家有一個十歲的兒子。兒子經常要求爸爸創作之餘替他做幾件玩具，但是，雕塑家卻從來不肯答應，只是微笑著對他說：「你就不能自己動手做做看嗎？」

好吧！既然爸爸都這麼說了，我就自己動手做做看吧！

為了製作自己想要的玩具，孩子開始留意父親的工作，花了許多時間觀察父親運用各種工具，然後模仿父親的樣子製作各式各樣的玩具。

父親從來不向他講解什麼雕塑技巧，也不曾批評過他的「傑

作」，一切都讓他自由發揮。

　　一年之後，孩子好像已經初步掌握了些基本的製作方法，作品雖然稱不上出色，但也還有模有樣。

　　這時，父親偶爾會指點他一、二，但小孩子不受教，經常把父親的話當耳邊風，喜歡我行我素、自得其樂，爸爸見狀也不曾動氣過。

　　又過了一年，孩子的技藝明顯提高，可以隨心所欲地製作出各種臉譜和動物形狀。孩子喜歡把自己的作品展示給別人看，別人總會稱讚他聰明，稱讚他有天分，只有父親，從來不曾給過一句讚美，好像完全不在乎似的。

　　忽然有一天，孩子放在工作室裡的作品全數不翼而飛！他為此驚訝、傷心不已。爸爸一副事不關己的模樣，對他說：「昨晚可能有小偷來過，喜歡你的作品，所以全部偷走了。」

　　孩子沒有辦法，只好重新製作。

　　半年後，工作室再次遭竊！又半年，工作室又第三次失竊。

　　孩子開始懷疑是爸爸在搞鬼，既然竊賊這麼囂張，為什麼從來不見爸爸為失竊而擔心、防範呢？

　　一天夜裡，兒子半夜起來喝水，看見工作室的燈亮著，便悄悄溜到窗邊窺視。

　　他看見父親背著手，在每個雕塑作品前徘徊、觀賞。

　　過了好一陣子，父親彷彿做出某個困難的決定，一轉身，拿起斧頭，竟然把自己的作品全部敲得粉碎！接著，他把這些碎土塊堆在一起，加上水，重新混和成泥巴。

　　孩子感到非常疑惑，卻不敢發出任何聲響。

　　這時，他看見父親走到他的那些小小作品前，仔細地拿起每隻小動物端詳片刻，不時用臉頰貼近它們，彷彿它們是一群無價

珍寶似的。

接著，父親猛然將兒子所有的作品扔到泥堆裡攪和起來。

站在窗邊的兒子還來不及出聲阻止，那些自己好不容易製成的作品，已經又全部化為泥土。

當父親回頭時，兒子已經在他身後瞪著兩隻憤怒的眼睛。父親感到有些驚訝，但仍試著緩和情緒，溫柔地撫摸兒子的頭髮。

父親說：「不要難過，我也很捨不得。但是，只有砸爛比較差的，我們才能創造出更好的。」

十年之後，這對父子一起獲得了多項國內外大獎。

海浪因為在最高峰時破碎，所以才能有繼起的浪花；人一旦站上高峰，如果不能突破，就只能慢慢地滑落。

有位歌星在辦了生平首場個人演唱會之後，說了一段值得我們細細思索的話語：「有的時候你做得很好，未必能當第一。但是你當了第一，也不代表你就是最好的。所以，我無時無刻不在提醒自己，別太拿自己當回事。」

是的，人生就是和自己競爭的過程，就算目前你已經鶴立雞群，也不代表你是最好的。你還可以表現得更好！只有放下自己過去的成就，你才能創造出更偉大的明天。

肯定自己,就是成功的第一步

當你體認到自己的價值,你便能夠勇敢接
受任何挑戰,大步向前邁進。只要充滿信
心,便很容易成功!

　　一位哲人曾說:「不要讓昨日的沮喪使明天的夢想失色,因
為,每個人都有自己的價值,這個價值只會因你曾經奮鬥過多少
次而提升,不會因你曾經失敗過多少次而減損!」

　　確實如此,只要你能充分體認自己的價值,便不會為了昨日
的不如意而悲傷沮喪,而會樂觀地活在今天,積極為了達成明天
的夢想而奮鬥。

　　二次大戰之後,全球飽受經濟危機的衝擊,其中尤以日本為
最,失業人數陡增,經濟十分不景氣。

　　一家面臨倒閉的食品公司為了提升競爭能力,決定瘦身整合,
裁員三分之一。有三種人首當其衝:一種是清潔工,一種是司機,
還有一種是沒有任何技術專長的倉管人員。這三種人加起來有三
十多名,經理分別找他們談話,說明裁員的意圖。

　　清潔工說:「我們很重要,如果沒有我們勤奮地打掃,就沒
有清潔乾淨、健康有序的工作環境,那麼其他人又怎麼能全心投
入工作?」

司機說：「我們很重要，公司有這麼多產品，如果沒有開貨車的司機，這些產品又怎麼能迅速銷往市場？」

倉管人員說：「我們也很重要，戰爭剛剛過去，有很多人為了溫飽而不擇手段，如果沒有我們負責管理倉庫，公司的這些食品豈不是要被那些流浪街頭的乞丐搶光！」

經理覺得他們每個人說的話都很有道理，權衡再三，終於決定不裁員。他重新思考了經營與管理策略，並在公司的大門懸掛一塊大匾額，上面寫著：「我很重要。」

從那天起，員工們每天來上班時，第一眼看到的便是「我很重要」這四個字。不管站在第一線的工人還是白領管理階層，都認為公司非常器重自己，因此工作起來也特別賣力。

這句話啟動了全體員工積極奮發的工作精神。經過一年辛勤努力之後，這家公司業務蒸蒸日上，在市場上異軍突起，廣徵人才都來不及了，哪裡還會考慮裁減人員？

法國作家安德烈·馬爾羅在《寂靜的聲音》一書中寫著：「一個人只有在他努力使自己昇華時，才能成為真正的人。」

一個人想要實踐自己的人生價值，就必須看重自己，看重自己正在從事的工作，全心全力地投入。

當一個人認為自己是重要的，便能散發出一種容光煥發的表情，整個人也顯得特別有活力。當一個人認為自己是重要的，便能讓其他人產生一種值得信賴的感覺。

才能固然很重要，但是一個人所表現的態度更加重要。

當你體認到自己的價值，你便能夠勇敢接受任何挑戰，大步向前邁進。只要充滿信心，便很容易成功！

天才，是從一個小優點開始

不管這個優點是多麼渺小，它畢竟是個優
點。你便可以把這項優點當作基礎，進一
步擴張你的優點範圍。

日本作家池田大作曾說：「在生活中，最可憐的是一輩子沒
有理想信念，行動不堅決果斷，總是對自己缺乏信心，害怕別人
說常道短。」

對自己缺乏信心的人，很難活在當下，也很難活出亮麗的人
生，他們只會隨波逐流，然後在幽暗的角落自怨自艾。

想要別人肯定你，你必須先肯定自己。放下心中的自卑心理，
天底下沒有一無是處的人，有的只是看不見自己優點的人。

法國一代文豪大仲馬在成名前，生活過得十分窮困潦倒。有
一次，他跑到巴黎拜訪他父親的一位朋友，請求他幫忙找個謀生
的工作。

父親的朋友問他：「你會做什麼？」

「說來慚愧，我並沒有什麼了不得的本領。」

「你的數學精通嗎？」

「不，我的數學成績一向不太好。」

「你懂物理嗎？或者懂歷史？」

「說真的，我什麼都不知道。」

「那麼會計呢？或者……你懂法律嗎？」

大仲馬滿臉通紅，生平第一次體認到自己在就業市場根本一無是處，他畢恭畢敬地說：「我知道我自己什麼都不行，但是現在我一定會努力彌補這些缺點。相信不久之後，我就能給您一個滿意的答覆。」

父親的朋友對他說：「可是，你終究還是要生活的啊！這樣吧，你把你的住址寫在這張紙上吧，我再替你想想辦法！」

基於長輩的盛情，大仲馬只好恭敬不如從命，拿起筆仔仔細細地在紙條上寫下了他的住址。

父親的朋友在一旁觀看，驚喜地叫道：「看呀！你終究有一項長處，你的名字寫得很好呀！」

瑞士作家赫塞曾經寫道：「我開始懂得，痛苦、失望和悲傷，不是為了使我們發怒、自暴自棄和墮落沉淪，而是要使我們成熟和清醒。」

放下，才能活在當下。從失意和挫折之中找出自己真正的優點，才能快速成長茁壯，成熟而清醒地走向正確的人生道路。

即使是一代文豪，在作品受到眾人肯定之前，也會因為四處碰壁，而有懷疑自己一無是處的時候。

然而，一個關係不甚密切的長輩，卻能發現他一個看似不是什麼優點的優點——至少他可以把名字寫得很好。這說明了每個人的長處、優點，都是需要去挖掘的。

把自己的名字寫好，也許這並不是什麼了不起的大事，但是，不管這個優點是多麼渺小，它畢竟是個優點。你便可以把這項優

點當作基礎，進一步擴張你的優點範圍。

　　既然你可以把名字寫好，那麼就可以把字寫好；字能寫得好，文章為什麼不能寫好呢？

　　每個天才的起源，也不過是這些似是而非的優點罷了！

　　美國心理學家愛彌爾‧庫耶曾說：「只要你充滿自信，即使是高聳入雲的群山，你也能將它們移走。相反的，一旦你自己退縮，即使是一小撮土堆，你也會把它看成萬仞高山。」

　　自信創造出的奇蹟無所不在，想成為一個成功者，遇見困難的時候，就要充滿「我一定可以」的信心，勇敢去做自己不喜歡卻非做不可的事，活用腦力拓展生命的深度與寬度。

認真加上誠實，就是成功的保證

只要有認真的態度加上誠實的人格，就是成功的最佳保障，這樣的人不管是到哪裡都會成功的。

日本作家鈴木健二在《人際關係漫談》中告訴我們：「一個人的價值，存在於平凡事物之中，而在日常生活當中得到昇華。他的凝聚點體現了一個人的全部人格和情操。」

如果你可以使自己成為一個認真誠實的人，你便可以確知，自己已經站在成功的起跑點了。

有一位大師決定收不收門徒的方式很特別，只要是第一天進門的徒弟，他都會安排他們做一項例行功課——掃地。

這次也不例外，大師要求剛進門的新徒弟把院子掃乾淨，過了半小時，徒弟來稟告大師，庭院已經打掃好了。

大師頭也不抬，輕聲問道：「掃乾淨了？」

徒弟回答：「掃乾淨了。」

大師不放心，再次問道：「有沒有發現什麼？」

徒弟偏著頭想了想，肯定地回答：「沒有啊。」

這時，大師沉下臉來，不悅地說：「那麼，你可以回家了。」

徒弟覺得很奇怪，怎麼才剛來就被趕走？是不是大師不收我

為徒了？

「是的，不收了。」大師揮一揮手，徒弟再怎麼疑惑，也只好走人。

每個被趕走的學生，心裡都會忿忿不平：「真是奇怪！自己又沒有做錯什麼事，大師怎麼連檢查都不檢查，就把人趕走了？」

但是，他們並不知道，原來，大師早已在院子角落處偷偷放了幾枚銅板，試探一下徒弟能不能在掃地時發現。

倘若徒弟是心浮氣躁，或是個狡猾奸詐的人，掃地時當就只會做做表面文章，不會真正仔細去打掃埋藏在角落的灰塵，因此，當然不會發現銅板的所在。

而若是他們發現了銅板卻不交給大師，這樣的徒弟品行有問題，大師豈會將他們收入門下？

不過，大師說，他還沒遇到過第二種情況的徒弟，因為，一個心存貪念的人是不會認真實踐別人交付的事情的。

美國有家知名的大醫院，一位名醫正在給病人做腹部開刀手術，一個新來的護士負責供應手術用具。

開刀成功後準備縫合傷口時，這位小護士居然大膽堅持要醫生停止動作。

在場所有人士都感到吃驚，他可是鼎鼎大名的大牌醫生，區區一個小護士竟然敢命令他！

護士告訴醫生：「我準備了十二塊紗布，現在拿出來的只有十一塊，還有一塊沒有拿出來，我們必須找出那一塊！」

可能是為了保持醫生的權威吧，名醫斷然宣稱：「一定是妳記錯了，我全部都拿出來了！」

　　護士依然堅持己見：「不！我確定我們用了十二塊紗布！」

　　醫生冷冷地說：「有事我負責，趕快縫合傷口吧。」

　　「不，絕對不行！」小護士簡直不知道自己幾兩重，絲毫不肯讓步。

　　這時，醫生突然咧嘴一笑，拿出他偷藏起來的第十二塊紗布，對著小護士豎起大拇指：「我保證，以後不管妳到哪裡，都會成功的。」

　　是的，只要有認真的態度加上誠實的人格，就是成功的最佳保障，這樣的人不管是到哪裡都會成功的。

壓力有時也是成長的助力

不要不惜福，但也不要太享福。安樂的生活使人退化，只有不斷自我鞭策，才能永遠立足在高峰之上。

科學家赫胥黎在《進化論與倫理學》中勉勵我們：「要意志堅強、要勤奮、要探索，並且永不屈服。珍惜在我們前進道路上的善，忍受我們之中和周圍的惡，並下定決心清除它。」

的確，不要只顧著享受眼前擁有的一切，而忘了提昇自己。

唯有具備赫胥黎所說的這種積極奮發的精神，我們才能把層出不窮的壓力，化為成長的助力，開創自己的美麗新世界。

狗是人類的好夥伴，和狗長得幾分神似的狼，通常卻是人類的敵對者。狼和狗之間，到底存在著哪些不同？而這些差異，又是如何產生的呢？

假設，在午後的河邊，一隻母狼要帶好幾隻剛出生不久的小狼過河，你認為牠會如何做？

以人類粗淺的經驗來推測，母狼一定會把小狼一隻一隻地用嘴叼過去。

可是，事實並非如此。母狼為了怕在渡河的過程，子女受到其他動物傷害，也為了要節省來回奔波的力氣，牠會咬死一隻動

物，把這隻動物的胃吹飽氣，再用牙齒咬住根蒂處，把動物的胃做成一只鼓鼓的皮囊，藉著這浮在水面的皮囊，全家一起渡河。

在動物的國度裡，狼是一種非常聰明的動物。如果讓一隻狗單獨與一隻狼搏鬥，那麼敗北的往往會是狗。

大家都知道，狗與狼在遠古時代是一家人，牠們的體型大小也不分軒輊，為什麼輸的總是狗呢？

科學家曾就這個問題仔細地對狼與狗進行研究，最後發現，經過人類長期豢養之後，大多數的狗並不需要面臨生存危機，在這種環境下代代繁衍的結果，近代狗的腦容量遠遠小於狼；而一向生長在野外的狼，為了謀生，牠們的大腦幾乎完全地被開發利用，不但十分具有創造性，而且還有著超乎尋常的生存智慧。

有時候，壓力也是一種成長的助力，挫折也是一種有用的經歷。換個角度看待，你就會有更亮麗的未來。

安逸的日子往往使人放縱，只有越刻苦出身的人，才越有出類拔萃的決心與毅力。因為他們運用了全部生命來磨練自己，自然能在環境砥礪下成為一個個不同凡響的卓越人才。

因此，不要不惜福，但也不要太享福。

記住！所有狗的祖先，都曾經是一匹狼。安樂的生活使人退化，只有不斷自我鞭策，才能永遠立足在高峰之上。

沒有得失心才能真正享受

做人若是有了太多得失心，自然就愜意不起來。偶爾忘懷一切，真正去享受，反而更能發現人生的美好。

作家波頓提醒我們：「並不是我們所擁有的東西使我們快樂，而是只有我們喜歡的東西才能帶來快樂。」

人生的快樂不在於「擁有」，而在於「獲得」。因為，對於自己喜歡的事物，我們在獲得的過程中，就會因為投入而進入渾然忘我的境界。

一位富翁奄奄一息地躺在床上，已經行將就木了。透過床邊的窗戶，他看見窗外的公園裡，有一群孩子正快樂地捕捉蜻蜓，不禁有感而發，對四個尚未成年的兒子說：「你們到公園裡給我捉幾隻蜻蜓來吧！我已經有很多年沒見過蜻蜓了。」

不一會兒，大兒子立刻抓了一隻蜻蜓來到爸爸的床邊。富翁覺得奇怪，問他：「你怎麼這麼快就捉到蜻蜓了？」

大兒子回答說：「我是用去年生日，你送給我的那輛遙控汽車，跟其他小朋友換的。」

富翁點點頭，沒隔幾分鐘，二兒子也來到爸爸的床邊，他的手上有兩隻蜻蜓。富翁問：「你怎麼這麼快就捉到兩隻蜻蜓？」

二兒子說：「不是我捉的，我把去年生日你送給我的那輛遙控汽車，租給了一位想玩車的小朋友，他給我十塊錢，這兩隻蜻蜓是我用其中五塊錢向另一位有蜻蜓的小朋友租來的。」

富商聽了，笑著點點頭。

不久，三兒子也上來了，他帶來的蜻蜓足足有十隻。

三兒子說：「我把去年生日你送給我的那輛遙控汽車，拿到公園中央舉起來，問有沒有人要玩遙控車，想玩的人只要交給我一隻蜻蜓就可以了。要不是怕爸爸您等太久，我至少可以收到二十隻蜻蜓！」

富翁伸出顫抖的手，摸了摸三兒子的頭。

最後回來的是老四。只見他兩手空空，滿頭大汗，衣服上面還沾滿泥巴。

富翁問：「你怎麼搞的？怎麼把自己弄得這麼髒呢？」

四兒子說：「我捉了半天，也沒有捉到一隻蜻蜓，覺得很沒趣，就在地上玩起遙控汽車。要不是看見哥哥們都回來了，說不定我的遙控車可以撞上一隻摔倒在地上的蜻蜓呢！」

富翁哈哈大笑，笑得合不攏嘴，不禁摸摸四兒子沾滿泥濘的臉蛋，把他緊緊摟在懷中。

隔天一大早，富翁去世了，兒子們在爸爸的床頭上發現一張小紙條，上面寫著：「孩子，我並不是真的想看見蜻蜓，我只是想看見你們捉到蜻蜓時開心得意的表情。」

大家都知道，玩遊戲的時候，要盡情投入才會玩得開心；愈是投入，得到的快樂就會越多。

很多人都誤以為，投入即是對遊戲中的得失表現相當認真，

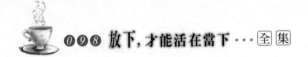

事實上，這兩者並非全然相同。

投入，代表你不在乎結果，只在乎過程，不管最後是贏還是輸，你都會感到心滿意足，因為「玩遊戲」的過程，本身就已是你最大的收穫。

認真和投入不同，人一旦認真起來，就會計較輸贏，執著於得失。贏了，你欣喜若狂，輸了，你笑不出來，甚至會開始否定遊戲本身的價值。

做人若是有了太多得失心，自然就愜意不起來。偶爾忘懷一切，真正去享受，反而更能發現人生的美好。

競爭是生存的動力

失去競爭，等於失去了進步的動力，不進則退的定律不只適用於學業，人生的各個領域也是一樣。

詩人紀伯倫曾在《淚與笑》裡寫道：「滿足並不是幸福追求的理想，幸福是一種連續不斷的渴望，滿足則是一種安慰，伴隨著遺忘。」

「有競爭才有進步」，這句話一直是經濟學家奉為圭臬的法則，但你知道嗎？這句話也成了現代人在社會上立足的生存法則。

美洲虎是一種瀕臨絕種的保育動物，現在世界上僅剩下珍貴的十七隻，其中一隻生活在秘魯的國家動物園裡。

為了保護這隻極其珍貴的老虎，秘魯政府從大自然中規劃出一塊草地，讓美洲虎在裡面自由自在地生活。

參觀過虎園的人都用羨慕的語氣說，這裡簡直是老虎的天堂，草原裡有山有水，林木鬱鬱蔥蔥，泉水潺潺琤琤；方圓百里的草地上，有成群的牲畜供老虎隨時享用新鮮的「沙西米」，做人真是不如做老虎！

然而，奇怪的是，從來沒有人見過老虎捕獵牲畜的畫面，也沒有人見過牠威風凜凜地從山上俯衝直下。人們唯一見到的情景

是老虎懶洋洋地躺在冷氣房裡，吃飽了睡，睡飽了吃，和隻病貓沒什麼兩樣。

有人提出建議，認為老虎太孤單了。牠沒有愛情，沒有伴侶，孤伶伶的一個，當然打不起精神來。

於是，秘魯政府籌募款項，透過外交渠道，和美洲虎的故鄉哥倫比亞和巴拉圭的國家動物園達成協議，定期從他們那兒租一隻母老虎來陪牠生活。

只是，這項「人道之舉」並沒有帶來多大的改善，那隻高高在上的美洲虎頂多陪陪女朋友走出冷氣房，到陽光下站一站，不到幾分鐘，就又縮回牠臥著的地方，繼續過著吃飽睡、睡飽吃的生活，連動物心理學家也無法了解牠究竟在想些什麼。

一天，一位來動物園參觀的市民說：「這隻美洲虎被人類當成寵物，怎麼能不嬌生慣養呢？老虎是森林之王，你們放一群只知道吃草的小動物在牠旁邊，能引起牠的興趣嗎？這麼大的一個老虎園，就算不放兩隻狼，至少也得放一隻豺狗吧！」

人們覺得他說的頗有道理，立刻向政府建議，於是園方隔天便捉了三隻美洲豹放進虎園裡。

這一招果然厲害！自從那三隻豹進了虎園，美洲虎就顯得精神抖擻，再也沒有回過冷氣房。

牠不是站在山頂仰天長嘯，就是雄糾糾氣昂昂地衝下山來，在草地上穿梭，宣示這裡是自己的勢力範圍。

美洲虎不再好逸惡勞，不再乖乖吃管理員送來的飼料。沒多久，牠還讓牠的女朋友未婚懷孕，生下了一隻活蹦亂跳的小老虎。

失去競爭，等於失去了進步的動力，不進則退的定律不只適

用於學業，人生的各個領域也是一樣。

　　人不一定要「贏」，但是一定要「爭」。競爭讓人生有奮鬥的目標，讓人懂得分辨優劣，讓人知道要往高處爬；若是沒有競爭的勇氣，就只能面臨被社會淘汰的命運。

　　我們埋怨弱肉強食太殘忍，但如果「適者生存」的定律被打破，這個社會又永遠不會進步。

　　很矛盾，也很可悲，是吧！誰叫人們總是「惰」性堅強，在安逸的環境中就不想求進步呢？

用正確的心態面對成敗

面對失敗無須灰心喪志，雖然沒有人喜歡
輸的感覺，但是，萬一不幸失敗了，也不
失為一次難得的體驗，不是嗎？

戴爾·卡內基曾說：「能完成豐功偉業的人，多半是在看來
毫無希望的處境下，仍能自我奮鬥的人。」

遭遇失敗固然是件讓人沮喪的事，但是，它只不過證明你尚
未成功，並非意味著你浪費了時間和生命。

相對的，獲得成功時也不用高興太早，因為如果你不知道用
正確的心態去面對，那麼，也許只會空歡喜一場。

在一次聲勢浩大的人才招聘會上，A以傑出的表現連闖五關，
只要能再通過最後一關，這個人人稱羨的職位就非他莫屬了。

A不斷在心裡揣摩著，他的對手只有一位同樣出自明星大學
的B，而B在競試過程中，有兩項是勉強過關的。

這時，他們都在等待第六關的考題公佈，這無疑將會是對於
他倆的一次宣判，因為兩個人當中，註定有一個人將會被淘汰。

按能力、論表現、拼背景，評審們根本找不到任何理由不錄
取A，看來這場比賽勝負已定，大家紛紛向A投去讚賞的眼光。

經過片刻沉默之後，主持人鄭重宣佈錄取對象：「被錄取的

是Ａ，Ｂ君請另謀高就。」

還沒等主持人說完，Ａ立刻興奮莫名地站起來，按捺不了心頭的狂喜，還帶頭為自己猛烈地鼓掌。

這時，Ｂ不卑不亢地起身向Ａ道賀，笑著說：「企業選擇人才是擇優錄取，你的確是個非常可敬的對手。不過，我相信每間公司都有不同的用人標準和尺度，我也一定可以找到一個適合自己的位置。恭喜你，再見。」

Ｂ轉身欲走，卻被主持人攔了下來。

「Ｂ先生，你被錄取了。」主持人滿臉喜悅地走向Ｂ。

接著，主持人上台對大家說：「成功與失敗本來就是兩個相互依存的概念，沒有成功就不會有失敗，沒有失敗就不會有成功，這兩者應該是平等的。如果我們把任何一方看得太重，這個天平就一定會失衡。我們在這個世界上生存或發展，不應該只羨慕成功者的輝煌，更要能鎮定自若地面對失敗。因為，所有的成功實際上都是以許多人的失敗為起點的，連在起點上都把持不住自己的人，更遑論以後的漫漫長路！」

現在，我想你也應該跟Ａ一樣，知道我們所面臨的第六個問題了吧！

「勝不驕，敗不餒」是每個人都能朗朗上口的處世名言，但這不僅僅是一句了自我安慰的口號，也不是一份必要的虛偽，而是一種人人都應該打從心底抱持的真實態度。

唯有用正確的心態面對成敗，才能開創更美好的未來。

真正的成功者並不會因為他的成功而感到得意，反而會為了要如何更上一層樓而兢兢業業。

　　同樣的，面對失敗我們也無須灰心喪志，雖然沒有人喜歡輸的感覺，但是，萬一不幸失敗了，也不失為一次難得的體驗，不是嗎？只要能夠再爬起來，你還不算是一敗塗地。

　　美國總統威爾遜曾經說：「要有自信，然後全力以赴，假如有這種信念，任何事情十之八九都能成功。」

　　的確，一個人倘使沒有自信的話，人生就索然無味，必須切記，我們的人生會隨著我們的自信多寡，而具有多少價值。

　　別人認為你是哪種人並不要緊，重要的是你相信自己是什麼樣的人，又擁有什麼樣的能力。

PART 5

心情樂觀
就能渡過難關

二十世紀最偉大的發明家愛迪生曾說：

「不管環境變換到何種地步，

我的初衷與希望仍不會有絲毫的改變。」

有著燃燒的熱情，才能不斷成長

法國文豪巴爾札克在《山間的百合》裡寫道：「熱情就像是熊熊的火焰，是一切的原動力！有無比旺盛的熱情，才可能持續偉大的行動。」

真正成功的人士總是虛懷若谷，知道自己是一個尚未裝滿的瓶子。正因為還沒裝滿，所以他們非常用心尋找生活中的每一個學習機會，隨時聽取別人的建議。

反觀我們呢？是不是常常只完成了一件小事，就志得意滿，不屑別人的意見？

人生想過得多彩多姿，並沒有什麼特別秘訣，只要謙沖為懷，隨時保持學習的熱情，就不會失去成功的機會。

曾在紐約市戴爾·卡耐基學院任職的激勵作家齊格，在授課時認識了一位十分傑出的推銷員埃德·格林。當時，埃德·格林已經六十歲了，年收入大約有三十五萬美元。

有一天晚上下課後，齊格和格林聊天。他直率地問格林，為什麼要來卡耐基學院上課，因為所有老師的薪水加起來也比不上他。格林笑著述說自己小時候的一則小故事。

當格林還是一個小男孩的時候，有一次和爸爸到後院的菜園裡照料蔬菜，他的爸爸是個非常專業的園丁，相當熱愛在園子裡

耕作，也常常為自己的收成而開心不已。

當他們整理完菜園後，他的爸爸問他從中學到了什麼。

格林回答說：「我只知道爸爸非常用心在經營這片菜園。」

但是，對於這個回答，他的爸爸有些不滿意，對他說：「兒子，我希望你能夠學會觀察，當這些蔬菜還青綠時，它們仍在生長；一旦它們成熟了，你就會發現它們已經開始腐爛。」

埃德·格林講完這個故事後，說：「我一直沒有忘記這件事，我來這裡上課，是因為我想讓自己保持成長。」

他並向齊格說，他從這些課程學會了一些東西，而且完成了一筆生意，那個是他花了兩年多的時間試圖完成的交易，他相信這些付出的錢，都將會加倍的回收，所以非常值得。

法國文豪巴爾札克在《山間的百合》裡寫道：「熱情就像是熊熊的火焰，是一切的原動力！有無比旺盛的熱情，才可能持續偉大的行動。」

你是否對生活充滿熱情呢？有沒有像埃德·格林一樣，保持生活中學習的熱情，讓自己不斷成長？

世間沒有單純的幸福，也沒有單純的不幸，它們就像骨和肉一樣，相互連結在一起，也像是人生樂章當中相互交錯的旋律。

因此，無論身處順境或逆境，都必須提醒自己用更多的熱情面對。努力吸收，認真充實自己，如果你保持追求成長的熱情，那麼就算你只是抬頭望了望天空，也會從任何飄過的流雲中得到生命的啟發。

你為什麼只有羨慕的份？

德國詩人海涅在《還鄉集》裡寫道：「我的心啊，你要忍受命運的打擊。冬天奪走的東西，到了新春就又會還給你。」

美國心理學家愛彌爾‧庫耶曾說：「只要你充滿自信，即使是高聳入雲的群山，你也能將它們移走。相反的，一旦你自己退縮，即使是一小撮土堆，你也會把它看成萬仞高山。」

自信所創造出的奇蹟無所不在，想成為一個成功者，遇見困難的時候，就要充滿「我一定可以」的信心，勇敢去做自己不喜歡卻非做不可的事，活用腦力拓展生命的深度與寬度。

才跌倒了幾次，你就再也不站起來嗎？

如果是這樣，那你就像那些被魚刺噎了一次，就再也不願嘗試魚鮮美味的人一樣，想獲得成功，無異是件緣木求魚的事！

「百折不撓」不僅僅是一句掛在嘴上欺騙自己的成語，而是你可以付諸實現的座右銘，當你看著別人的成功而欣羨不已，不如告訴自己：「再多的困難我都不怕。」

有一位將軍的朋友們非常欣羨他擁有的財產和好運氣，每當這個時候，這位將軍就會淡淡地向對方說：「你嫉妒嗎？其實，你也可以很簡單就得到這些財富。」

他會帶著朋友到院子裡去，然後對他們說：「你往前走，站在距離我五十步的位置，我用這把手槍對你開個兩槍，如果我不能打中你，我的所有財產都歸你，如何？」

友人一聽，莫不嚇了一大跳，顫抖著身子說：「我一點也沒有嫉妒你，你別開玩笑了。」

這位將軍接著會嚴肅地說：「你不願意嗎？很好，那麼請你記住，我今天的一切都是在槍林彈雨中努力得來的，我經歷好幾次出生入死的過程，才到達你們羨慕的成就，我所有的付出和辛苦是你們想像不到的。」

德國詩人海涅在《還鄉集》裡寫道：「我的心啊，你要忍受命運的打擊。冬天奪走的東西，到了新春就又會還給你。」

任何有成就的人或你心目中的偉人，沒有一個不是經歷了種種挫折和苦難，歷經了千辛萬苦才走到今天的輝煌境地。

他們有一個共同的特色，就是百折不撓、越挫越勇，磨練了一身好功夫後，才在劇烈的競爭中嶄露頭角，脫穎而出。

很多人只會羨慕別人功成名就，老是嫉妒別人的幸福富裕，卻看不見他們的辛苦付出，看不見他們走在危險路上的努力痕跡。

麻煩闔上你那羨慕的眼神，先好好做個功課，探究他們的成功過程，你就會知道為什麼你只有羨慕的份了。

倘使不想只是羨慕，那就請你好好努力。不要害怕困境，人生裡每一個問題的出現都有特殊的用意，只要你能百折不撓的面對每一個難題，你才能長久擁有得來不易的成功。

心情樂觀就能渡過難關

二十世紀最偉大的發明家愛迪生曾說：
「不管環境變換到何種地步，我的初衷與
希望仍不會有絲毫的改變。」

蘇聯作家愛倫堡曾經說過這麼一段話：「對一個人來說，日子過得快不快活，不在於他的家世、他的膚色、他的財富，或是他擁有什麼權力和地位，而是他用什麼心情面對自己的人生。」

其實，人生會有多少價值，完全在於自己如何經營，只要叮嚀自己隨時保持積極樂觀的心情，就能營造出美麗的人生。

從心理學而言，感到絕望與對令人絕望的狀況有所了解，是兩種完全不同的心理狀態。後者是客觀地認識自己所處的情勢，前者則是無法客觀地審視自己的處境。

所以，當我們感到絕望時，只要能設法弄清楚局勢，不但能使心情樂觀，還可以讓自己走出絕望之外。

第二次世界大戰爆發前，國際政治局勢充滿濃烈的火藥味。

由於戰爭已經到了一觸即發的局勢，有位英國政府官員驚慌地對首相邱吉爾說：「我認為事情已經到了完全絕望的地步。」

邱吉爾聽完卻若無其事地說：「不錯，情勢是已經到了無以復加的絕望地步。」但是，他接著又說：「不過，面對這樣緊張

的局面，我覺得自己似乎年輕了二十歲。」

　　許多人陷入絕望狀態時，總是想盡辦法逃避，但是，邱吉爾卻選擇面對、接受，即便遭遇再絕望的情況，也能用樂觀的心情加以面對，讓自己充滿奮鬥的精神。

　　二次世界大戰結束後，邱吉爾的生活由絢爛歸於平靜，有一次他應邀到劍橋大學為畢業生致辭。那天，他坐在貴賓席上，頭戴一頂高帽，手持雪茄，一副優游自在的樣子。

　　經過隆重的介紹之後，邱吉爾走上講台，兩手抓住講台，認真地注視著觀眾不發一語，大約有二分鐘之久。然後，他才開口說：「永遠，永遠，永遠不要放棄！」接著又是一陣靜默，然後他又再一次大聲重複說：「永遠，永遠，不要放棄！」

　　這是歷史上最簡短的一次演講，也是邱吉爾最膾炙人口的一次演講，不過，這些都不是重點，重要的是，你聽進邱吉爾的忠告了嗎？

　　做任何事一旦半途而廢，不管你前面付出了多少，立刻都會化成一陣白煙消失不見，經不起任何風吹雨打及考驗的人，根本別想獲得勝利。

　　當你聽到邱吉爾的這番話時，你能感受他勇於面對生活的力量，從而給自己一點堅持的勇氣嗎？

　　二十世紀最偉大的發明家愛迪生曾說：「不管環境變換到何種地步，我的初衷與希望仍不會有絲毫的改變。」

　　只要你記得，不到最後關頭絕不言放棄，堅持不懈的努力，你才會獲得人生中最美味的果實。

每個巔峰都是另一個突破自我的開始

英國作家普賴爾曾說：「人應該像凌空翔翔的雄鷹，永遠把眼光盯在高聳入雲的目標上。」

　　幽默劇作家蕭伯納說：「人能爬到至高的頂點，但不能久居在那裡。」

　　很困惑吧！我們不是都為了攀到最高點，所以「堅持不懈」、「永不放棄」或「保持熱情」的嗎？為什麼不能久居呢？

　　這是因為人到達巔峰之後，必須懂得適時「歸零」，讓自己重新開始。

　　達到了一個階段之後，就是另一個階段的開始，生命若是能夠如此，你就沒有什麼做不到的事，因為你知道如何不斷地提昇自己，也知道要虛懷若谷地面對成功。

　　「抵達了至高點」不是一個結束，而是能讓生活繼續的開始。

　　著名的律師威廉斯曾經說過一段膾炙人口的話，他說：「我認為『成功』或『勝利』的定義，是用最大的限度來發揮你的能力，包括體力、智力以及精神和感情的力量，不論你做的是什麼事情，只要做到了這一點，你就可以感到滿足，認定自己就是個成功者了。」

就像威廉斯所說的，只有一個人的能力發揮到最大限度才叫成功，那麼成功肯定是沒有止境。就算你在某個領域已經成功，你也不想停留在頂端，而是會繼續開心地朝另一個領域前進，因為你的能量並沒有發揮完畢，你還有很多可以做的事，可以在成功之後，獲得更大的成功。

所以，即使你已經很成功了，也不要因此自滿，更不要生活在一時或過去的榮耀之中，畢竟成功不是人生停留的唯一歸宿，也不要讓昨天的成功影響了今天的工作。

英國作家普賴爾曾說：「人應該像凌空翱翔的雄鷹，永遠把眼光盯在高聳入雲的目標上。」

人生，直到走入塵土前，都應該不斷地以超越自己為目的，而不是只為了一個願景的實現而滯留不動。

德國鐵血宰相俾斯麥到了七十歲，還孜孜不倦要開創自己人生的新遠景，曾在十九世紀擔任四任英國首相的格萊斯頓，到了七十歲還勉勵自己學習新語言。

正因為他們不斷地超越自我，所生命才有非凡的成就。因此，人必須把高峰的高點當做另一個新起點，而不是往下走回山谷底的終點。

只有過人的能力才能讓你東山再起

福特汽車的創辦人亨利・福特說：「在這個世界上，唯一可以保障你的，就是你的知識、經歷和能力。」

很多人只會注意到機會的有無，反而忽略了自己能力的提昇。

其實，只要是有能力、有實力的人，遭遇困境之時不放棄自己，肯努力爭取，機會就能隨時出現。

一九七八年，汽車界的名人李・艾柯卡莫名其妙地被福特汽車公司的董事長福特二世解僱了。

艾柯卡出任福特公司的總經理之後，曾為福特公司創造輝煌的業績，當時他正率領著福特公司全體員工，不斷地銳意革新，準備要和通用公司一拼高下。但是，福特二世發現艾柯卡的地位和威信與日俱增，開始威脅到他的領導權威，於是突然宣佈解除艾柯卡的總經理職務。

突如其來的變化使艾柯卡一下子從山頂摔到了地面，陷入個人生涯事業的最低潮。

還好艾柯卡的經營管理能力，早就眾所皆知，他憤而離開了福特公司，應克萊斯勒公司邀請出任總裁，站在起跑線上，再次重新出發。

　　儘管當時的克萊斯勒公司處於最嚴重的營運危機之中，連許多政府官員都預測，克萊斯勒公司就快要破產。

　　但是，艾柯卡卻憑著自己的才能和衝勁，率領全體員工努力奮戰，他勉勵著所有員工說：「只要我在，公司就不會倒！」

　　終於，艾柯卡反敗為勝，使克萊斯勒浴火重生，擺脫了虧損局面，漸漸提高市場的佔有率，更提前把七年的貸款都還清了。

　　克萊斯勒的浴火重生，讓艾柯卡再一次贏得了各界的讚譽和名聲，也讓他重登事業的巔峰，這全靠著他的積極行動所獲得的成果。

　　福特汽車的創辦人亨利‧福特說：「**在這個世界上，唯一可以保障你的，就是你的知識、經歷和能力。**」

　　想要在這個競爭劇烈而又變幻莫測的時代出人頭地，一定要擁有過人的本事。

　　能力不是一天就能培養起來，必須靠著日月的累積。如果你不想錯過任何機會，那麼就要把自己變成擁有實力的人。

　　人生的成敗全看你的能力，只要具備了過人的能力，不管走到哪裡，就一定會得到重用，即使失敗了，也能讓你迅速地「東山再起」。

人生的遠景充滿無限可能

俄國作家契訶夫說：「路是人的腳步走出來的，為了多闢幾條路，必須往沒有人的地方走去。」

激勵大師拿破崙·希爾說：「思想僵化的人永遠不會有所發展。」這是因為，思想僵化的人，習慣以固定的方式做事，也喜歡過著一成不變的生活，不願去嘗試變化，因此生活彷彿是一潭停滯不動的死水，無法孕育出新的生機。

拿破崙·希爾曾經聘用了一位年輕的小姐當助理，工作大致是拆閱、分類及回覆他大部分的讀者信件，另外還有一項工作是聽他口述並記錄信的內容，她的薪水和其他助理相同。

有一天，拿破崙·希爾請她把一句話記錄下來：「記住，你唯一的限制，就是自己腦海中所設立的那個限制。」

當她把打好的紙張交給拿破崙·希爾時，對他說：「這句格言讓我得到了一個啟發，相信對你我都非常有價值。」

這件事並未在拿破崙·希爾的腦中留下特別印象，但是，從那天起，他卻感受到這句話對這個女助理產生深刻影響。

從此以後，她在用完晚餐後便又回到辦公室，並且做一些不是她份內而且也沒有加班費的工作。

她非常努力認真，工作態度也一直保持良好，有一天，拿破崙‧希爾的私人秘書辭職，當他準備找人來遞補這個空缺時，卻驚訝地發現她已經主動地接收了這項職位。

因為，在下班之後，沒有支領加班費的情況下，她已經把自己訓練成出任拿破崙‧希爾專屬秘書的第一人選。

由於這位年輕小姐的辦事效率太高，引起其他人的注意，不斷有人提供了很好的職位想請她擔任。於是，拿破崙‧希爾不得不多次提高她的薪水，到後來，薪資竟提高到她初到之時的四倍。

因為，她讓自己不斷增值，雖然之前辛苦的付出，但那卻成了她最佳的籌碼，使得拿破崙‧希爾完全不能缺少她這個幫手。

是什麼力量讓這個年輕小姐有這樣的成功？

那就是積極向上的進取心，使她在競爭中脫穎而出。

有一位老師經常向那些自稱擁有三十餘年教學經驗的老師，提出這樣一個問題：「你確定自己真的教了三十多年書，還是只教了一年書，然後把它重複了三十多年？」

聽得出這位老師的意思嗎？

俄國作家契訶夫說：「路是人的腳步走出來的，為了多闢幾條路，必須往沒有人的地方走去。」

你還在過著日復一日重複自己影子的生活嗎？每天問一問自己：今天和昨天有什麼不同，有什麼新的啟發？

當你在生活中努力發揮自己的多元能動性，你才會知道未來充滿無限可能，只要自己願意去開創。

為什麼別人會拿繩子請你自殺？

俄國文豪高爾基在短篇小說《時鐘》中寫道：「人有兩種生活方式：腐爛或燃燒。膽怯而貪婪的人選擇前者，勇敢而積極的人選擇後者。」

儘管有人說，沒有雄心壯志的人，生活就會缺乏偉大的動力，自然無法有傑出的成就，但是，過度的渴望，常常會導致極度的失望。

其實，不必給自己太多偉大的志向，只要知道什麼才是生活的意義，把握當下去做你真正想做的事，就算那只是件芝麻綠豆般的小事，也都會使你的生活中變得不平凡。

真正懂得自在生活的人，並不是什麼都不做，而是能夠知足微笑地面對眼前的一切，依照自己的意志去做對生命有意義的事。

就算日子充滿苦惱，我們都要設法做主宰命運的人。

有個年輕人躺在公園的椅子上曬太陽，衣衫襤褸、神情萎靡，一直有氣無力地打著哈欠。

這時，有一個老伯伯走了過來，看著他，忍不住好奇地問：「年輕人，難得天氣這麼好，你不去做些有意義的事情，怎麼懶懶散散地在這裡曬太陽？豈不是辜負了大好時光？」

「唉！」這個年輕人嘆了一口氣說：「在這個世界上，我除

了這個軀殼外，已經一無所有了，又何必費心費力地做什麼事？我啊，每天在這裡曬曬我的身體，就是我唯一可以做的大事了！」

「你沒有家嗎？」老伯伯好奇問。

「當然沒有，」這傢伙吃驚地回答：「你知道，與其背負家庭的重擔，倒不如沒有比較好。」

「難道，你都沒有喜愛的人？」

「沒有，與其愛過之後反目成恨，不如乾脆不去愛。」

「那朋友呢？」

「也沒有，與其得到之後可能還會失去，不如乾脆沒有。」

「那你怎麼不想去賺錢？」

「那更不想，你想想看，錢賺了之後又會花光光，那何必勞心費力把自己搞得那麼累？」

「喔？是這樣嗎？」老伯伯若有所思地對他說：「看來，我得快點幫你找根繩子才行。」

「找繩子？幹嘛？」這年輕人好奇地問。

「幫你自殺啊！」老伯伯一臉認真地說。

「自殺？你幹嘛叫我去死？」這年輕人驚詫地叫了起來。

老伯伯看著他說：「是啊，人有生就有死，以你的推論，那與其生了還會死，不如乾脆就不要出生算了。現在你的存在，根本就是多餘的，那不如死了算了，那不是正合你的邏輯嗎？」

年輕人聽了這話，低下了頭，不敢再回話。

如果你在街上問那些熙來攘往、行色匆匆的行人：「現在你過的，是你真正想過的生活嗎？」

相信，你會收集到很多「皺眉」和「苦笑」，因為很多人根

本連自己想要什麼都不知道，又怎麼會有開心的生活呢？

俄國文豪高爾基在短篇小說《時鐘》中寫道：「人有兩種生活方式：腐爛或燃燒。膽怯而貪婪的人選擇前者，勇敢而積極的人選擇後者。」

什麼才叫生活的意義，什麼才是生命的價值，每個人的標準不同，但是要找到自己真正想過的生活，卻是共同的準則。

給你一個良心建議，不必非得豐功偉業，也沒有必要立志當聖人，只要認真想想，自己要的到底是什麼，興趣在哪裡，為什麼而生活，你就不會像故事中的年輕人萎靡地躺在公園的椅子上曬太陽，也不會有人覺得你活著是多餘的，而想找根繩子請你上吊自殺！

美麗的包裝不是成功的保障

俄羅斯作家格拉寧說：「虛偽不可能創造出
任何東西，因為虛偽本身什麼也不是。」

有人說，美麗的外表就像是最好的推薦信。

但是，就算你擁有了這封推薦信，如果沒有其他才華，也不代表你一定會被錄用。即使僥倖被錄用了，也不能保證會被重用，充其量只能當個「花瓶」。

古時候，天上的飛禽和地上的走獸爆發了激烈的爭鬥，由於飛禽沒有優秀的領導者，以致死傷慘重。

有一天，小黃鸝鳥提出建議：「我們應該推選一位勇敢的國王來領導大家，誰是鳥類中最英勇的，我們就選牠出來當國王！」

鳥兒們都贊成這個提議，這時候，一直很想做飛禽之王的孔雀先開口：「各位就選我吧！你們看，我的羽毛是所有鳥類中最美麗的！」

說著，孔雀立刻把牠那美麗的尾巴展開炫耀。

鸚鵡首先附和說：「對，能有這麼漂亮的國王，的確是很讓人驕傲的一件事，我們就推選孔雀做為我們的國王吧！」

但是，麻雀卻提出反駁：「不錯，孔雀是非常美麗，但是，

像我們這麼弱小的動物遭到侵襲時，牠有什麼能力來保護我們呢？與其選一個美麗的國王，不如選一個能在危險時挺身拯救我們的國王吧！」

　　眾鳥聽了麻雀的話，全都點頭贊成，經過投票，最後大家選出強悍的老鷹來當百鳥之王。

　　俄羅斯作家格拉寧曾經說過：「虛偽不可能創造出任何東西，因為虛偽本身什麼也不是。」

　　如果你以為虛有其表就能矇騙過關，那表示你一直都身處在看不到未來的位置。沒有人不希望晉升，沒有人不希望有一個可以預見的未來，但是在你眺望遠景的時候，別想利用表面包裝來得到成功。

　　如果你希望能功成名就，那麼就得不斷提昇自己的內涵和能力，那才是你成功的唯一保障。

每個人都要有屬於自己的長才

英國作家卡萊爾說：「獨創的功績不在於標新立異，而在於真誠的態度。只有真誠地面對自己，才能發現自己獨特的才華。」

英國作家伯頓曾經寫道：「如果這個世界上有地獄的話，那就存在人們憂鬱和苦惱的心田中。」

憂鬱和苦惱往往來自不知足或不願面對事實，如果你不想讓自己活在「地獄」之中，那麼就必須重新評估一下自己。

自我評估一下，在你現在所處的工作環境中，你是可有可無的一般員工，還是公司不可或缺的人才？不論你想從事什麼職業，想在什麼方面有所成就，只要記得，找出自己的最大特長，然後發揮出來，任何事情就都能如你所願的前進。

有一個華裔留學生到美國移民局申請綠卡的時候，遇到一位中年婦女。這位留學生從她被曬成古銅色的皮膚猜測，認定她是個農家出身的婦人，因而好奇地上前和她聊天。

一問之下才知道，這位婦人來自中國北方的農村，因為女兒嫁到美國，所以才來申請綠卡。儘管她只讀過小學，只會說「hi」和「good-bye」，但是竟然順利申請到綠卡，這位留學生便好奇地問她，到底是怎麼通過的。

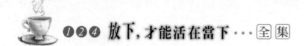

這位婦人說，她在申報的理由上，填了一個「技術專長」。

移民局官員看到申請表，便問：「妳有什麼技術專長？」

她回答說：「我會剪紙畫。」

接著，她從包包裡拿出一把剪刀，快速地在一張彩色紙上裁剪，不到三分鐘，她就剪出一堆栩栩如生的動物圖案。

移民局官員瞪大了眼睛，看著她像變魔術似地剪出這麼多紙畫，不禁豎起了大姆指，連聲讚嘆。這時，她又從包包裡拿出一張報紙說：「這是報紙幫我刊登的剪紙畫。」

美國移民局官員一邊看，一邊連連點頭說：「OK！」

她就這麼順利過關了，旁邊和她一起來申請卻被拒絕的人，不禁露出既羨慕又嫉妒的眼神。這就是美國人的思維模式，你可以不懂企業管理、金融知識，可以不會電腦，甚至也可以不會英語。但是，你必須至少會一樣：「你自己的特長」。

英國作家卡萊爾說：「獨創的功績不在於標新立異，而在於真誠的態度。只有真誠地面對自己，才能發現自己獨特的才華。」

仔細想想，這個婦人的小故事，是不是在任何的領域裡都非常適用？

以職場而言，具有特殊專長的人，不僅薪資比別人高，也比起任何只具普通能力的人更有升遷機會。所以，不管在任何領域中，你都必需有一個屬於自己的獨特專長，像在電腦公司，你就要比別人更懂得電腦程式的問題；在機械工廠你必需訓練自己，光聽聲音就能知道問題所在；或者做任何事，你都要比別人更有耐力和毅力。

PART 6

擺脫物質，
才能真正幸福

有形的物質總是會引發爭執，

總是會讓我們感到痛苦，

只有放下痛苦，才能獲得真正的幸福。

一味昏睡，只會不斷失去機會

先做好準備，當機會出現在你眼前時，請像趕飛機一樣卯足全力拚命去追。那絕對是值得的！

賽尚曾經如此說過：「你可能藉機會獲得一份好差使，但是，你卻不能憑機會去確保它。」

在這個世界上，每個人遇到的機會大致是均等的，相對的，每個人錯失機會的比率也大致均等。

身無分文的窮小子大衛一個早上都在找工作，哪怕是端盤子掃地的工作也好，可是卻一連碰了幾個釘子，直至中午仍然一無所獲。

這時，他走到路邊一片樹蔭下，也許是因為太疲憊的關係，不一會兒，他便靠著樹幹沉沉地睡著了。

他才剛睡著，馬路上就迎面駛來一輛豪華馬車，也許是因為馬腿出了點問題，馬車停了下來。一位文質彬彬的紳士扶著高雅美麗的妻子走下車，他們一眼就看見熟睡的大衛。

「妳瞧！這孩子睡得多甜啊，要是我們也能像他那樣睡會兒，不知有多好！」紳士羨慕地說。

他的妻子也頻頻點頭：「咱們這把年齡，哪還能睡上一個這

麼好的覺！我越看越覺得這孩子長得像咱們的兒子，不如我們叫醒他，好嗎？」

「可是，我們不知道他的品行如何，這太冒險了！」紳士不贊成。

妻子雖然一副戀戀不捨的樣子，終究還是坐上馬車走了。

熟睡的大衛當然不會知道，幸運之神已經降臨卻又遠走了。

這位紳士很富有，而他唯一的孩子最近出意外死去了。夫妻倆膝下無子，很想認個兒子好好養育，將來可以繼承他們雄厚的家業。在那一刻，他們甚至看中和他們兒子長得有幾分神似的大衛，可是，很遺憾的，大衛始終雙眼緊閉，睡得很香。

不久，馬路旁又來了一個美麗的女孩子。她蹦蹦跳跳地走著，來到樹下，看見一隻蜜蜂正在大衛的頭頂上盤旋，不由得拿出手帕替他把蜜蜂趕走。

這時，她不禁仔細瞧了瞧大衛，喃喃說道：「這小伙子長得還真帥啊！不知道他醒來會是什麼樣子呢？」

她在樹下坐了將近半個小時，可是大衛還沒有醒來，再等下去，恐怕回家晚了會挨罵。女孩只得歎口氣，快步離開了。

她的父親是個石油商人，最近正準備替女兒物色一個正直的男孩，有沒有錢不要緊，最重要的是勤勞誠懇。

只差一點點，也許這兩個年輕人就會是天生一對，可是大衛依然熟睡著，女孩無聲無息地走了。

過不到十分鐘，樹叢中來了兩個鬼鬼祟祟的傢伙，他們臉上戴著面具，手裡拿著匕首。

「也許，樹下這小子身上有錢，」他們互相使了個眼色，一步步走向大衛，「過去搜搜，要是他敢反抗，就一刀捅了他。」

這兩人才剛要動手，樹叢中突然竄出了一條大狼狗。

「說不定是隻警犬！我看，我們還是小心為妙。」兩名強盜吃了一驚，連滾帶爬地跑了。

傍晚時分，太陽漸漸西沉，睡了一個好覺的大衛終於醒了。他拍拍屁股，繼續向前走去。眼看就這麼過了一天，工作還是沒有著落，而剛才發生的一切，對他來說，甚至連夢都不是。

科學家愛因斯坦說得好：「沒有僥倖這回事，即使是最偶然的意外，似乎也都是事出有因的。」

錯過一班車，也許可以等下一班，但是好機會卻往往可一不可再，努力和運氣缺一不可。

因此，我們對待機會應該像等飛機，而不是等公車，因為，它會使你的人生起飛。搭不上這班飛機，也許還有下一班，但是在這中間，你卻必須多付出好幾倍的時間、金錢、力氣。

一味昏睡，只會讓你不斷失去機會。

先做好準備，當機會出現在你眼前時，請像趕飛機一樣卯足全力拚命去追。相信我，那絕對是值得的！

生命因為信念而無價

我們不能主宰生命的長度，卻能控制它的寬度；我們不能樣樣順利，但可以要求自己事事盡力。

想要活出絢麗人生，首先必須學會珍惜。

沒有人一生下來就懂得珍惜身邊的一切，珍惜是要經過學習的。當你曾經失去，曾經錯過，曾經得不到，驀然回首，你才會發現，其實你所擁有的，已經很多很多……

一名登山者獨自在崖間攀行，突然間，聽到一處岩石下發出求救的低微呻吟。

登山者循著聲響爬下去，看到一個大約十六、七歲的少女瑟縮在岩石下的草叢裡。她用雙手緊緊按住右腳的膝蓋，鮮紅的血液從指縫間不斷流出，很顯然的，她受傷了。

登山者走過去扶她坐在一塊大石頭上，關切地詢問她的傷勢。少女咬緊雙唇，額際泛著一層薄薄的汗水，透露出她正在強忍疼痛；登山者掀起她的褲管，發現她的膝蓋血肉模糊，傷口深可見骨，血流不止。

「妳的傷勢很嚴重，必須馬上去醫院治療，如果感染了細菌，後果可能會更嚴重。」登山者一邊說，一邊迅速幫助少女止血。

他看了看四周，發現少女一個同伴也沒有，於是決定送她到醫院。

少女點了點頭，低聲地說：「麻煩你先幫我取回枴杖。」她指了指兩公尺外的一根木頭拐杖。

原來她竟然是個……，一股同情之心油然升起，登山者幾乎不敢再想下去了，很快地拾起拐杖交給少女，扶著她站了起來。

少女抬頭望著岩壁上一叢丹霞似的紅楓葉，遺憾地說：「可惜我不能親手摘一片楓葉送給我妹妹！」她轉向登山者，懇切地說：「你能幫我摘一枚楓葉嗎？只要一枚就好了！」

這對一個四肢健全的男人而言只能說是舉手之勞，登山者三兩下攀爬到岩壁上，採下兩片最美麗最鮮豔的楓葉，鄭重地把它們放到少女的手上，真誠地說：「一片送給妳妹妹，還有一片，送給妳！」

少女接過楓葉，輕輕地放到鼻子下，彷彿聞到了生命的馨香。

一路上，少女向登山者解釋，她有個妹妹特別喜愛蒐集植物標本，一直希望可以擁有一枚紅色楓葉，而且是長在懸崖峭壁上的那一種。

少女的妹妹兩年前因為一場車禍導致雙目失明，為了滿足妹妹的心願，她去年秋天就已經來過這裡，卻不慎摔下懸崖，一條右腿再也不能復原。

今年的秋天，她再次來到這處絕壁，盡了最大的努力，卻仍然沒有成功，並且再一次留下傷痕。

「為了這麼一片小小的楓葉，妳付出的代價未免太大了吧？」登山者聽了，不禁惋惜地說。

「怎麼會呢？生命有時只是一種願望，」少女很認真地說道：「如果沒有這個願望的支撐，我們的生命就會失去意義，失去色

彩。只要可以重拾生命的顏色，就算付出再大的代價，我都認爲
是值得的。」

　　火紅的楓葉，是大自然的標本；人的一生中，是否也應該擁
有一枚自己的標本，一枚爲自己生命增添色彩的葉子呢？

　　教育家海倫凱勒曾經勉勵世人：「希望是引導人成功的信仰，
如果沒有希望，便一事無成。」

　　我們不能主宰生命的長度，卻能控制它的寬度；我們不能樣
樣順利，但可以要求自己事事盡力。

　　儘管，付出和回收也許不能成正比，但是達成願望的喜悅，
一定能幫助你找回生命的意義。

擺脫物質，才能真正幸福

有形的物質總是會引發爭執，總是會讓我們感到痛苦，只有放下痛苦，才能獲得真正的幸福。

有些名人身故之後，留下來的除了懷念，還有一場場永無止息的紛爭。

爭遺體、爭遺產、爭往生者生前比較愛誰⋯⋯，媒體的焦點多半集中在名人名下有多少遺產，他的妻子和子女，甚至情人、二奶各分得多少錢。似乎，死者為大，金錢更大，大家都焦點都放在有形的物質上。

其實，若是能為世間留一點色彩，為親愛的人留下一點難忘的懷緬，便是人們來世上走這一遭，所留下最好的足跡。

到底什麼是遺產？更確切地說，到底什麼才是真正有價值的遺產？曾經聽過一則溫人馨感人的小故事，或許可以改變我們的想法。

一位婦人患了重病，接近彌留之際，她告訴身邊的兒女和丈夫：「不要帶鮮花到我墳上探望，因為我不會在那裡。當我離開這個身體後，我要實現我的夢想，到歐洲去旅行，就連你們的爸爸也留不住我。」

　　說完之後，她溫柔地親吻每個子女的額頭，微笑著道晚安：「我們早上見。」

　　第二天早上，婦人死了。子女在整理媽媽的遺物時，發現一首媽媽寫的詩，題目叫作《遺產》：

「當我死去，把我留下的給孩子們，

　如果你必須哭，為走在你身旁的朋友哭泣，

　把你的手臂環住任何人，像環住我一樣。

　我想留給你一些東西，比文字和聲音更好的東西，

　在我認識和我所愛的人身上看見我的存在。

　如果沒有我，你活不下去，

　那麼讓我活在你的眼裡、心裡和善行裡。

　心手相連的一刻，你會得到真正的自由；

　人會死，愛不會死。」

　　有形的物質總是會引發爭執，總是會讓我們感到痛苦，只有放下痛苦，才能獲得真正的幸福。

　　身為一個現代人，我們不僅僅要為後人留一些遺產，更要把前人留給我們的遺產好好保存下去，進而發揚光大，實現生命的意義，和人類不朽的價值，才不枉我們來世間走這一遭。

　　當我們能把留給親人的遺產，昇華為留給社會、留給大眾的一分心力；若我們肉身腐去，精神卻未死，還能遺愛人間，那麼，我們也許不必這麼悲觀地看待死亡。

愛的光輝永遠不會毀滅

人走了，愛卻不會走。遺留人間的，是賢
妻慈母寬厚、溫暖、牽掛不下的那顆心，
怎麼不令人感動呢？

當我們不知道什麼是幸福的時候，總是以自我為中心，試圖
將喜愛的人事物緊緊握住，但這真的是愛嗎？

真正的愛是發自內心的關懷，無怨無悔的守護，而不是動輒
以愛為名，將對方牢牢捆住。

蘇聯作家第拉特訶夫在《荒亂年代》裡寫道：「人類的愛，
像燒不毀的荊棘，是不會在火裡毀滅的。」

的確，愛是頑強的，真摯的愛是人生中永遠瑰麗的風景，即
使歷經了千萬年的風霜，也不會被歲月磨蝕。

至死不渝的愛，不是「我們一起死」，而是即使死亡拆散了
我們，我仍會在遠方默默地守護你，而你也依然為我堅強地度過
每一天。

先來看看以下這兩則感人的故事吧！

英國的馬歇丘雪斯的郊外有一塊墓碑，上面竟然刻著一則徵
婚啟事：

「這裡躺著約翰‧費德斯頓，死於一八〇八年八月十日。他

很為他的遺妻感到悲傷，極希望有情人去安慰她。她還很年輕，芳齡三十六歲，具有一切好妻子所應該具備的美德，你可以在本地教堂街四號找到她。」

墓碑文字之中有一種真摯的愛，不會因為生命的消逝而消逝。費德斯頓先生已經永遠永遠沉睡了，但是，他對妻子的愛卻好像穿透了長夜，永遠閃爍著迷人的光輝！

無獨有偶，蘇格蘭商人海密斯的墓碑上也刻著這麼一段文字：

「海密斯・大衛長眠於此，他哀傷的妻子繼承了他生前所經營的水果店，店址在一號高速公路旁，營業時間從早上九點到晚上八點。」

明眼人都看得出來，這個墓誌銘所要表達的宗旨是：如果可以的話，請關照一下這位哀傷的女人吧！

凡是看到這段文字的人，都會為死者的深情所感動，油然生起憐憫之心，只要有機會，一定會儘快光顧這家海密斯的妻子經營的水果店，以實際的購買行動幫她一把！

中國古時候有個窮秀才，相依為命多年的妻子不幸病故。只要想到妻子跟隨自己受苦挨窮、勞累困頓的一生，秀才總會感到不安，於是提筆為亡妻寫了一幅輓聯：「苦我今朝，幸有薄命糟糠，猶歸天上；勸卿來世，未遇封侯夫婿，莫到人間。」

這副對聯的意思是說，這輩子沒能讓妳享受榮華富貴，我非常抱歉，如果真的有來生，請一定要嫁給一個有錢有勢的人。

不料，就在秀才含淚整理妻子生前的遺物時，居然發現一幅妻子生前早就已經寫好的對聯，聯曰：「我別良人去也，大丈夫何患無妻，願他時重結連理，莫向新妻言舊婦；子依嚴父傷哉，

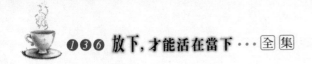

小孩兒終當有母，倘他僅得蒙撫養，須把繼母當親娘。」

　　這對聯的上聯是勸丈夫「必須再娶」的，下聯是勸孩子「節哀聽話」。

　　蘇聯作家蘇霍姆林斯基曾說：「人類的愛是心靈和肉體、智慧和思想、幸福和義務的結合。」

　　誠摯的愛會使人心靈純潔，誠摯的愛會使人幸福，也使人充滿著牽掛。

　　人走了，愛卻不會走。遺留人間的，是賢妻慈母寬厚、溫暖、牽掛不下的那顆心，怎麼不令人感動呢？

向前走，幸福就會跟在你後頭

在人生的道路上，只要我們一直用心、不停地往前走，不問終點，也不想過去，幸福自然就會跟著我們了。

　　莎士比亞曾經這麼說：「人只要心情愉快，即使終日走路也不會厭倦。」

　　這番話告訴我們，幸福不是表象可以衡量，而是一種感覺。幸福不假外求，它正住在你的心底。

　　只要你保持心情愉快，就能感受當下的那些幸福。

　　有一對年輕的夫妻，看起來十分平凡，沒有出色的相貌，也沒有令人稱羨的工作。鄰居們只知道那個太太有病，她的臉總是灰灰沉沉的，像覆了一層怎麼也洗不去的塵土，可是他們卻彷彿很快樂，總帶著一臉愉悅的神情，根本看不出任何陰影。

　　沒多久，那個太太懷孕了，挺著一個微微隆起的肚子，臉色依然灰灰的，卻掛著幸福的笑意。鄰居們有點奇怪，她看起來一副有病的樣子，怎麼還能懷上孩子？這孩子是病前懷上的？還是生病了以後才懷上的？

　　一天，有人說這個女人患的是癌症，並且已經到了末期。大家更是議論紛紛，她病得這麼重，肚子裡的孩子該怎麼辦呢？

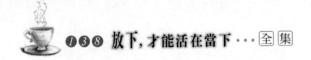

　　然後，大家看到快樂包圍了這個小家庭。男的整天忙進忙出，臉上明顯地掛著即將為人父的喜悅；女的總是選在晴天的日子出來曬曬太陽，挺著的大肚子就像一個令人期待的驚歎號似的。生命一來一往之間，總教人驚歎。

　　幾個月以後，聽說女的生產了，男的從醫院抱回一個小女嬰，那個女的，則再也沒有回來。

　　太陽升起了又西沉，地球依然在公轉，大家仍舊在如常的生活中數著一天天的日子，只是他們突然對生活充滿了感謝。透過這對夫妻堅強的意志，似乎生活的一切負面因素都淡然遠去。

　　有一隻小狗問媽媽：「媽媽，幸福在哪裡？」

　　狗媽媽回答：「幸福就在你的尾巴上。」

　　小狗聽了很開心，每天不停地追，不停地追著自己的尾巴，可是追來追去，怎麼也追不到。

　　於是，小狗疑惑、懊惱地問媽媽：「我怎麼都追不到自己的幸福呢？」

　　狗媽媽心平氣和地對牠說：「你不要浪費時間了，只要你一直往前走，幸福自然就跟著你了。」

　　是的，放下偏執就是幸福，在人生的道路上，只要我們一直用心、不停地往前走，不問終點，也不想過去，幸福自然就會跟著我們了。

懂得珍惜才真正擁有

相較於別人的殘缺和痛苦，我們是活得多
幸福又多自在，怎麼還能不知感恩和珍惜
呢？

你是否曾在落淚時才明白錯過的就無法重來？是否曾在無盡
的長夜中黯然追悔起過去的疏失？

如果是，那麼你更該試著去回憶，在回憶中你會得到一些寶
貴的領悟：原來「珍惜」在生命中，是個重要的接著點。珍惜使
得生命變得更圓融，讓回憶不再有不必要的缺憾。

「月亮在哪裡？」男孩仰著頭對著天，問了這麼一個問題。
正當我思索著該如何回答時，他的第二個問題又來了：「月亮長
什麼樣子？」

在我心疼的淚眼中，月亮早已模糊得不成樣子。

他是我在探訪育幼院時認識的男孩，一個從來沒有見過月亮
的男孩。他罹患的是天生的盲眼症，沒有看過月亮，也沒有看過
媽媽，從出生就被寄放在一所教會的育幼院裡。

以前，我在周末時，都經常會帶著吉他，去教他們唱歌。

那個沒看過月亮的小男孩，每次都搶著要獨唱這一段：「母
親像月亮一樣，照耀我家門窗……」

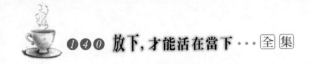

他認真地唱著，一遍又一遍，彷彿是要唱給媽媽聽的。雖然不知道媽媽在哪裡，但是他卻一直相信，只要他唱得夠認真夠大聲，或許媽媽就能在世界的某個角落聽見他渴慕的呼喚。

的確，母親是每個孩子心底的月亮，聖潔光明，但對這個孩子而言，她又額外地遙遠而不可及。

或許，他真正想問的不是關於月亮，而是「媽媽在哪裡」、「媽媽長什麼樣子」······。

雖然，我已經好久好久沒有回去育幼院探望他了，但是，每當看見天上的月亮，我的心裡總會浮起一絲懸念，想起他用那童稚的嗓音，仰起頭問著：「月亮在哪裡？」

相較於別人的殘缺和痛苦，我們是活得多麼幸福，又多麼自在，怎麼還能不知感恩和珍惜呢？

若是我們對別人不聞不問，久而久之，就會不曉得珍惜、感激自己所擁有的一切。

人總是在失去以後，才了悟，才後悔。

看得見月亮的人，往往看不見月亮的美，因為我們已經習慣了那樣的明月高掛在空中。只有偶爾閉上眼，用心去看，你才能真正體會到，美麗的月亮確實在那裡！

要了解，更要體貼

婚姻不能只靠一紙證書來維繫，還要加上一份體貼、互諒的心意，才能在平凡生活中激盪出源源不絕的愛的火花。

哲學家蘇格拉底曾自嘲說：「我因為娶了個悍婦，所以成為哲學家。」

當然，這句話代表著蘇格拉底的包容與忍讓，在現實生活中，有更多人是因為娶了悍婦，或是嫁了狼君，因而成了精神病患。

小陳和阿英結婚三年了，這三年來，他們時常為一些雞毛蒜皮的小事吵得不可開交。

例如這天，阿英回娘家去了，暫時只有小陳一個人在家。但小陳下班以後，發現自己忘了帶鑰匙，而且原本藏在信箱裡的備用鑰匙卻不翼而飛，使得他根本進不了門。

費盡一番周折，小陳好不容易從鄰居那兒「借」來一個非常瘦小的孩子，讓小孩從窗戶的隙縫中鑽進屋子裡，這才打開了房門。諸事不順又飽受波折，小陳自然憋了一肚子氣。等到妻子一回來，小陳劈頭就問：「信箱裡的鑰匙怎麼不見了？」

阿英對這麼沒頭沒腦的質問感到有些不高興，悻悻然地說：「我把鑰匙交給我爸爸了。」

　　小陳聽了，臉色一沉，阿英見狀，不禁怒火中燒了：「怎麼？這樣也不行嗎？怕我爸爸來我們家偷東西啊？你放心吧！我們家的人個個人品高潔、光明磊落，絕對不會侵犯你的。」

　　小陳原本想告訴妻子自己今天忘了帶鑰匙的事，可是聽到她說話像吃了火藥似的，也就懶得浪費口舌了。

　　然而，阿英可不怕多費唇舌，她把小陳追討鑰匙的事情告訴母親，母親焦急地對丈夫說：「我們還是快點把鑰匙還給女婿吧，萬一他家裡丟了什麼東西，你可是跳到黃河也洗不清。」

　　「女婿？他還知道自己是我的女婿？我拿他家的鑰匙，是為了白天送菜給他們時方便進門，誰想偷他的東西啦？」阿英的爸爸覺得面子有些掛不住，聲音也大了起來。

　　他在鄉下有幾畝農地，經常送新採的果菜到女兒家，沒想到反而落人話柄、被人冤枉。氣憤之餘，阿英的父親把鑰匙還給了女婿，發誓從此不再進到他們家門一步。老人家心有未平，一見到熟人，就把他好心為女婿送菜反而被當作賊看待的事講一遍，講完後，不忘歎口氣說：「唉，我真是沒長眼睛，把女兒嫁給一個這麼小心眼的人。」

　　一傳十、十傳百，沒過多久，岳父大人的話便添油加醋地傳到小陳的耳朵裡，於是，他氣呼呼地前去質問岳父：「你憑什麼污辱我的人格？」

　　阿英的父親反唇相譏：「你這種人有什麼人格可言？我當初讓女兒嫁給你，真是瞎了眼。」

　　小陳不甘示弱地回答：「嫁錯可以離婚嘛！」

　　「離婚就離婚！」阿英的父親重重地摺下這句話。

　　阿英看到這種劍拔弩張的情形，趕緊拉住丈夫的衣袖：「只要你改過，我願意跟你過一輩子，你快向我爸爸認錯吧！」

年輕人畢竟是年輕人，小陳哪裡嚥得下這口怨氣，不悅地說道：「你們硬把污水潑在我身上，還要我先低頭認錯，真是豈有此理！」

阿英也生氣了，生氣地說：「明明是你先把我爸爸當作賊的，要你認個錯有這麼難嗎？」

小陳聽了，冷冷地回答：「算了，你們父女都同樣不可理喻，算我怕了你們，我走！」

於是，小陳與阿英在盛怒之下簽了字離了婚。走出律師樓之後，他們才想到：究竟是為了什麼而離婚的？

好像只是為一把鑰匙，又好像為了很多。一紙婚約的重量太輕，一把鑰匙卻超乎想像的重。

有一則笑話說，如果哥倫布有個多疑又不體貼的妻子，會在他耳邊不斷質問：「你去哪裡？跟誰去的？去做什麼？什麼時候回來？為什麼那個女人（西班牙女皇）要給你三艘船？」

那麼，哥倫布還能發現新大陸嗎？

「因不了解而結合，因了解而分開」，似乎已成了世俗男女關係中的至理名言。然而，婚姻不能只靠一紙證書來維繫，還要加上一份體貼、互諒的心意，才能在平凡生活中激盪出源源不絕的愛的火花。

幸福往往從放下的那一刻開始，唯有學會放下，彼此才不會產生那麼多摩擦、衝突，才不會被那麼多不值得爭執的瑣事絆住。

想好退路，才有活路

人生的精采不只是攀爬到最高最遠的山頂，
而是包括在不小心跌落山谷時，還能有爬
起來的力氣和重來的機會。

英國作家斯特弗森曾經在著作中如此寫道：「希望是永恆的
喜悅，它就像人類擁有的土地，年年有收穫，是用不盡的、最牢
靠的財產。」

的確，人活著就必須充滿希望，才不會渾渾噩噩像行屍走肉
一般。心中充滿了希望，就會積極設定人生的目標；為了達成目
標，就會做好各種預設和防範措施，不致於讓自己在遭遇險境的
時候進退不得。

有個少年說自己想去征服高山，但當長輩問他，一個優秀的
登山者該準備些什麼時，他卻答不上來。

長輩見狀，便規勸他：「現在讓我告訴你吧！如果是要去攀
登路徑不熟的高山，即使預定一日往返，除了帶上必備的指南針，
你的行囊裡也應該包含一把小刀、一根繩索、一盒用防水塑膠袋
包好的火柴、一點鹽巴、一塊折起來不佔空間的透明塑膠布、雨
衣以及一個哨子。」

少年聽了，不以為然地說：「登山就登山，有必要這麼麻煩

嗎？這些東西又不一定派得上用場！」

長輩回答：「在正常情況下，你不會用到這些東西，但你能保證，情況會永遠在你的掌握之下嗎？」

長輩進一步分析，這些東西絕大部分都不是為了進路而準備的，它們的作用是在為自己預留退路。

那把小刀，可以在前進時用來切割獵物、削竹為箭、砍木為柴；萬一被毒蛇咬傷時，它更可以用來把傷口切成十字，吸出毒血，救自己一命。

而那根繩索，可以在前進時幫助自己攀爬；遇險時用來營救，在製作擔架時用來捆綁。

那盒火柴，可以在前進時用來生火烹食，在遇難時點火求救，甚至可以幫助自己取暖，熬過高山上的寒冷長夜。

那塊透明塑膠布以及雨衣，可以在前進時用來擋雨，萬一被困阻在深山裡時，用來減少地面或環境中潮冷的侵襲；缺水時，用來蒐集露水蒸氣，讓自己免於乾渴。

那一點鹽巴，可以在前進時用來烹調美味的食物，也可以在困厄時用來消毒、補充體力；在彈盡糧絕時，幫助自己吞下平時難以下嚥的野生食物。

至於那個哨子，可以在前進時用來招呼隊友，作為集合的訊號；也可以在落難時，運用哨子的聲音使搜救人員找到自己。

最後，這位長輩說：「如此說來，你認為哪一樣東西是多餘的呢？它們頂多佔你半個背囊的空間，卻是你行前絕對不能疏忽，落難時可能因此而幫助你保命的寶貝。」

人生不可能沒有意外，多一分準備，就能減少一分意外。你

可能會埋怨花這麼多時間準備這些也許不會用到的東西，但是等到旅行的經驗多了，人生的閱歷豐富了，你反倒會覺得慶幸：「還好，準備了這些東西；還好，這些東西沒有派上用場。」

不管是在登山的旅途中，或在人生的道路上，「為自己留一條退路」都是尋求進路的必要條件。

曾聽一位前輩說過：「旅遊時，如果是舊地重遊，不妨在原來的大道之外，多去尋訪一些小路，發現新的風景。相反的，如果是到陌生的地方，就應該記住來時的道路，以免萬一遇到困阻時能夠方便脫身。總之，對已知的環境，就要進一步去想；對未知的環境，就要退一步想。」

想好退路，才有活路。

人生的精采不只是攀爬到最高最遠的山頂，而是包括在不小心跌落山谷時，還能有爬起來的力氣和重來的機會。

小心幸福轉眼變成痛苦

當週遭的環境開始轉變，你只能克制自己
的貪戀，迅速跟著變化來應變，否則，眼
前的幸福轉瞬間就會變成痛苦。

　　作家伊赫桑・A・庫杜斯說：「世間沒有單純的幸福，也沒
有單純的不幸，它們就像是骨頭和皮肉一樣，相互連在一起。」

　　確實如此，幸與不幸經常結伴而行，人生的進行曲就是幸福
與不幸交錯而成的生命樂章。

　　世界上沒有絕對的幸福和安全，所以在順逆之中應該隨時都
要有坐在火山口的警覺。除了「居安思危」，更應該要「居危思
危」，才能早日觀察環境的變化，讓自己過得安全。

　　正是青黃不接的初夏，一隻母老鼠不小心掉進了一個盛得半
滿的米缸裡。這天外飛來的口福，老鼠怎麼可能會放過？但是，
飢腸轆轆的牠仍然十分機警，想起上一回，自己的兩個孩子因為
貪吃地縫裡的玉米屑而斃命了。

　　好不容易才從悲哀裡恢復過來的牠，這回多了一個心眼，先
用舌頭嘗試性地舔一舔表層的米粒，幾個鐘頭以後，自己仍然口
不乾舌不燥頭不疼，想必是自己有點多慮了。

　　母老鼠接著自然是飽餐一頓，吃完了便仰頭大睡，以米缸為

枕，以米粒爲被，還有什麼比這更幸福的事呢？

　　不知不覺，母老鼠已經在米缸裡過了好長一段時日。有時候，牠也想跳出來，回到外面熟悉的世界，只是一想到米缸裡這麼多、這麼好的白米，又覺得捨不得了。

　　直到有一天，牠發現米缸見了底，才驚覺現在自身離缸口的高度已經難以企及了，心裡不由得發了慌。這樣下去的結果只會有兩個，不是被屋主一棒打死，就是在缸裡活活餓死。

　　對於這隻老鼠而言，這半缸米彷彿是上帝在牠生命的路途中放置的一塊試金石。如果老鼠想飽食終日無所事事，把這缸米全部據爲己有，要付出的代價便是自己的生命。

　　因此，有人把這隻老鼠能跳出缸外的高度叫做「生命的高度」，這個高度，其實就掌握在老鼠的手裡。

　　該放下的時候就必須毅然放下，及早注意事情的小變化，就能幫助自己提早適應即將到來的大變化。

　　但人類和老鼠一樣，通常都只會注意有明立標牌的陷阱，殊不知沒有標示的陷阱才是真正會致命的。

　　天下沒有白吃的午餐，生活在享樂之中的人，總以爲好景常在，不曉得危機正一步步逼近；等到大禍臨頭，才又手足無措，一蹶不振。

　　居安思危不是要你「風聲鶴唳，草木皆兵」，而是希望你體認生命的無常，認知生活裡隨時充滿著變化。

　　當週遭的環境開始轉變，你只能克制自己的貪戀，迅速跟著變化來應變，否則，眼前的幸福轉瞬間就會變成痛苦。

PART 7

快不快樂，
是你自己的責任

你可以失去財富，可以失去美貌，

可以沒有健康，

但是沒人可以奪走你的快樂。

快不快樂，是你自己的責任。

無法改變環境，就試著改變心境

熱愛生活的人，無論處於順境逆境，都能
以健康的心態面對。他們知道，人如果不
能改變環境，那就只能改變自己。

有兩個搬運者推著一車滿滿的花瓶，不經意摔破了其中兩只。

一個人悲傷地說：「真倒楣，摔碎了兩個花瓶！」另一個則
欣慰地說：「好險，只摔碎了兩個花瓶！」

現實生活中，只見樹木不見森林、只在意眼前的挫折，滿腔
憤慨而不願敞開心胸面對的人實在不少。

相較於第一個人的動輒埋怨，第二個人不計較失去多少，而
著眼於自己還擁有的。這種「看開」的人生觀，可以使人調整心
境在遭遇挫折時看見光明，並對自己充滿信心。

人生有太多的煩惱，我們必須為一日三餐操勞，為讀書就業
困擾，為經濟不景氣憂慮，為人際關係躊躇。

每一樁、每一件大事小事都牽引著我們的心，無端消耗著我
們的精力。面對迎面而來種種生活的挑戰，我們不由得心生感慨：
活著好累！

生活環境不斷地進步，科技化、電子化設備逐漸取代了人力，
我們所謂的「累」，指的並不是體力上的付出，而是感慨心力的

加倍消耗。

我們無時無刻不在競爭，不在比較，不在求進步，不在往前走。漸漸地，心理層面的疲憊滲透到了身體表層，當我們打從心底感到疲累時，身體才會知道什麼叫做累。

從前，有一位老音樂家因為被人陷害而進了監獄坐牢，一天的時間裡，總是有好幾個小時必須埋頭苦幹的鋤草。老音樂家拖著老邁的身軀，屈著身體在獄中整整鋤了十年的草。等他出獄了以後，人們卻驚奇地發現，他並沒有因此而憔悴衰老，反而顯得更加容光煥發。

有人詢問他其中原因，而老音樂家只是微笑地說：「我怎麼會老呢？我每天鋤草都是用四／四拍鋤的。」

因為心情飛揚，所以他的一舉一動都能蘊含著旋律，在艱苦的環境中，他用四／四拍的節奏譜成了一首鋤草的樂章。

無獨有偶，電影《芙蓉鎮》裡那個被下放到農村勞改的知識分子，也並不以失意為苦，不為自己的命運嗟歎。

每天清晨掃地時，他都用雙手揮動著掃把，腳上踏著華爾茲舞步，名副其實的「揮灑自如，自得其樂」。

這樣的動作足以除卻他一身的髒污，根本找不到有什麼理由可以使他不快樂！

法國大文豪福樓拜在他的代表作《包法利夫人》裡，曾經寫過這麼一句話：「人生每多失望，能把思想寄託在高貴的性格、純潔的感情和幸福的境界上，也就大可自慰了。」

生命過程中，無可避免地會遭遇一些讓我們失望、痛苦的逆

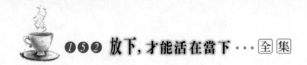

境，並不是日子真的過不下去，而是我們不願意放下。

　　熱愛生活的人，無論處於順境逆境，都能以健康的心態面對。他們知道，人如果不能改變環境，那就只能改變自己。

　　快樂與不快樂，其實都是自己的選擇。

　　只有心向太陽，胸懷希望，忘掉自己失去的，珍惜自己擁有的，才能活得瀟灑，活得自在。

　　所謂放下，並不是阿Q式的精神勝利法，也不是像鴕鳥那樣選擇逃避，遁入自己的空想世界，而是面帶微笑看待眼前的苦難，依照自己的意志持續去做對生命有意義的事。

　　不管怎麼苦惱，我們都要設法做主宰命運的人。

快不快樂，是你自己的責任

你可以失去財富，可以失去美貌，可以沒有健康，但是沒人可以奪走你的快樂。快不快樂，是你自己的責任。

英國詩人赫普曾經如此說道：「真正的幸福，並不固定存在於何處。或許你到處找不到它，但它卻無處不在；你固然無法用金錢買到它，但卻隨時可以把它弄到手。」

所謂的幸福，是相對於痛苦的一種感覺，幸福其實無所不在，我們之所以覺得痛苦，覺得不快樂，是因為我們太執著於十全十美的境界，不懂得珍惜我們已經擁有的一切。

先來看看這段難忘的經歷吧！

下班時間的公車上，蜂擁而上的人群把狹窄的車廂走道擠得水洩不通，連車門旁的階梯都站滿了人。

我看到一對戀人站在我的前面，他們面對面地站著，男人的臉正對著我，是個非常英俊的小伙子，而女孩則背對著我，她有一個窈窕的身影、一頭亮麗的長髮，不時傳過來銀鈴似開朗的笑聲。

女孩穿著今年夏天最流行的細肩帶背心，更顯青春活力，是一個典型的都會女孩，完全知道自己要的是什麼，想表達些什麼。

因為公車上很擁擠，所以男孩女孩靠得很近，不停低聲絮語著什麼，彷彿在交換著戀人之間的小秘密。

或許，那個男人很幽默，或者他根本就不需要幽默，因為對熱戀中的人來說，即使是廢話也顯得妙趣橫生。他們明亮的笑聲引來許多人的目光，大家的眼神裡似乎有羨慕，有嫉妒，或許……還有些驚訝，驚訝些什麼呢？難道那個女孩美得讓人吃驚？

我也想看看那個女孩的臉，看看一張傾國傾城的臉蛋加上幸福洋溢的神采，會讓她美到什麼樣的地步。但是，一路上女孩始終沒有回頭，她的眼裡只容納得下她的情人。

後來，他們大概聊到今晚電視即將播出的「金曲獎」，這時男人的聲音大了點，他說：「妳覺得哪一首歌會得獎？」

女孩歪著頭想了想，便輕輕哼起了某首歌。她的嗓音非常柔美，把原本就很動聽的那首歌哼唱得更加悅耳明媚，雖然只是隨口哼哼，但歌聲裡卻有一番獨特動人的魅力。

我想，這個女孩不當明星實在太可惜了！只有全然自信的人，才有膽量在人群裡肆無忌憚地歌唱。想到這裡，我不禁覺得有些自卑，我長得不怎麼樣，歌聲又如鬼哭狼嚎，像我這樣從裡到外都極為黯淡的人，什麼時候才可以這樣旁若無人地歡暢歌聲？

說來也真巧，我和那對戀人在同一站下車，為了看看那女孩的臉，我快步走到他們前面，計劃好要來一個「不經意」的回頭。

第一次幹這種事，我的心怦怦跳得好快，我知道自己即將會看到一個絕色美女，心情如同謁見天子龍顏一般膽顫心驚。

就在我回過頭來把目光聚集在那個女孩的臉上時，我驚訝得忘了呼吸。

我以為我會看到一張上帝精心雕鑿的臉，但是顯然上帝不想這麼做。那個女孩的臉彷彿被火車輾過，或是被火燒過，那種怵

目驚心的醜陋，是讓旁人都會為她感到心疼的。

　　我呆立在原地，無法把這樣一張臉和剛才聽到的愉悅聲音聯想起來。就在那一刻，我對幸福有了另一番體認。

　　法國思想家盧梭告訴我們：「十全十美的幸福，在這個世界上是不存在的。人生最大的痛苦，是我們本來可以避免，卻沒有避免的痛苦。」

　　再怎麼刻骨銘心的痛苦，都可以從心頭放下，只要細心去體會生活週遭細微的幸福，痛苦的感覺就會一點一滴流失。

　　莎士比亞也在名著《仲夏夜之夢》裡提醒我們：「一定程度的憂傷反映了深厚的感情，但表現得過分，卻總是說明了精神的脆弱。」

　　無論遭遇什麼讓自己痛苦的事情，我們仍舊要保持樂觀積極，對自己的未來充滿信心，生命才會生氣盎然。

　　你可以失去財富，但快樂仍是你自己的；你可以失去美貌，但快樂仍然掌握在你手中；你可以沒有健康，但是沒人可以奪走你的快樂。

　　快不快樂，是你自己的責任。

認真做自己心境的主人

> 不受歡迎的人的確會令人感到不悅,但是
> 他只不過是這個環境的一小部分,你可以
> 試著忽略他,不要被他左右、影響。

我們往往崇拜勝過我們的人,也往往瞧不起不如我們的人。

其實,這都是不正確的心態。外在環境裡的人物,只不過我們衡量自己的參考,既不必羨慕崇拜,也不必鄙視厭惡。

人要做自己心境的主人,往自己設定的人生目標前進,其餘的都只是人生旅程匆匆掠過的景色。

有一個非常有名的智者,窮盡畢生之力廣收天下門徒,數百人從四面八方遠道而來,希望可以從智者身上習得一點智慧。

每天每天,智者都悉心教導他們修身養性,鍛鍊自己的體魄。弟子們也非常上進,珍惜這個難得的教育機會,大多數都願意苦心研習,虛心請教,不負智者的苦心教導。

只有一個紈褲子弟不服管教,整天只知道吃喝玩樂,搞得校舍雞犬不寧,沒有人願意和他交往。

沒多久,這個搗蛋鬼引起天怒人怨,弟子們於是對師父下最後通牒:「如果您堅持要把那個討厭鬼留在這裡,那我們可要集體離開了。」

師父默默無言，幾天以後，弟子們果真紛紛離去。

誰知，十年過去了，在師父不厭其煩地教導下，這個最頑劣的弟子卻出乎意料地改變心性，而且成就遠遠超越眾人。

世界上的人有千百種，其中可能有你喜歡的，也會有你不滿意的。為了躲避一個你不喜歡的人，而放棄一百個值得你交往的朋友，這是不是很傻呢？

是很傻，但我們偏偏喜歡做這種傻事。

譬如，上健身房原本是為了鍛鍊自己身體，卻因為旁邊來了個不遵守規矩的鄉巴佬，我們常會氣呼呼地說：「再也不去了！」

譬如，上學是為了增長自己的知識，卻因為和隔壁的同學吵架，我們開始考慮轉學，甚至休學。

為了躲避一隻狗而多繞三里路，這又是為了什麼呢？

不受歡迎的路人甲的確會令人感到不悅，但是他只不過是這個環境的一小部分，你可以試著忽略他，不要被他左右、影響。

比起你到這裡來的真正目的，那個討厭鬼根本算不上什麼，你又何必把他放在心裡最重要的位置呢？

唯有放下，你才能活在當下。

可以緬懷，但不必悲傷

> 死亡不是人生不可抗拒的終點，而是另一
> 段人生歷程的開始。生命凋零本是自然的
> 循環，我們只須緬懷，不必悲傷。

　　法國文學家蒙德朗曾說過一段值得深思的話：「人死了之後為什麼要為他哭泣呢？應該要為這個人在世時不正確的生活方式哭泣才對。以死的模樣活著，總不如已經死了好。」

　　生老病死是生命的自然流程，但必須記住，人不是爲了死亡而誕生，也不是爲了迎向死亡而活著。

　　人生就是爲了體現自己生命的意義而開創美好生活，如此才能讓活著充滿喜悅，死時感到欣慰。

　　有一位醫術高明的醫生，不但熱心救人，而且收費低廉，因此遠近馳名，附近的居民都十分喜歡找他治病。

　　一天，診所裡來了一位半身不遂的白髮老翁，虛弱地坐在輪椅上，由兒子推著他往前走。

　　「無論如何，請您救救我父親……」四十多歲的大男人，哭得像一個無助的嬰兒。「我們已經看了好多位醫生了，一點起色也沒有，我不求什麼，只想讓我爸爸再多活幾年。拜託您了，醫生，一定要救救我爸爸。」

醫師幫病人量脈搏、血壓、做了詳細檢查後，開了一張藥單，叮嚀病人的兒子：「回家以前，去三樓的佛堂坐坐吧。」

這番話讓男人聽得一頭霧水，只當醫生是在安撫病患的情緒，並沒有把他交代的話放在心上。

幾天之後，男人又推著父親來看診，一如往常地仔細檢查、開藥方後，醫生再一次叮嚀他陪父親去三樓佛堂坐坐。

但是，男人依舊不把它當一回事，領了藥便急忙帶著父親回家，心想這個醫生不只替人治病，還兼替佛祖傳教呢！

一直到第三次看診，開完藥方後，醫生攔住他，領著他們父子倆一同前往三樓的佛堂。佛堂有八坪左右的空間，除了清水和兩碟笑香蘭之外，另外有一盞油燈在供桌的一角無煙地焚燒著，沉睡在紅燭檀香的夢裡……

「我之所以請你們上來，是想讓你們看看油燈的燈芯……」醫生指著前方說：「你們看看，每一盞油燈都需要燈芯，即使有最好的油卻沒有燈芯，油燈依然無法發光發熱。因此，每當油快要燒盡，燈蕊只剩一小截時，我就會想：再添點油到容器裡，應該可以延長燈芯的壽命吧！可是，等我真的這麼做了，你們猜結果怎麼樣？」

父子二人滿臉疑惑，醫生緩緩地接著說：「我總是貪心地倒進太多油，結果不是火焰立刻變得微弱，就是燈芯根本燒不起來。有過好幾次經驗以後，我才明白，想要讓燈芯散發出最自然的光芒，就必須在容器裡注滿油，讓燈芯一路燒完。等到油盡燈枯，再添入新的油、換上新的燈芯，這才是點燈的正確方法。」

男人恍然大悟，點了點頭，含淚推著輪椅上的父親離去。

燈器是每個人的命運,燈油正是我們所處的世界,而燈芯就像是肉體軀殼一般。命運是註定的,再多的油也無法阻止燈芯燃燒殆盡,我們只能在油盡燈枯時,添上新苗,這才是延續生命真正的意義。

死亡不是人生不可抗拒的終點,而是另一段人生歷程的開始。

英國歷史學家克萊爾就曾為死亡下一個最好的注解:「我不知道靈魂是不是不滅,但我卻知道每天都有新的生命誕生。」

生命凋零本是自然的循環,我們只須緬懷,不必悲傷。

充滿信心，就會讓生命更堅韌

信心給予生命的不只是一種寄託，一份憑藉，一項支援，信心更為生命帶來永遠的堅強和力量。

人的身體是一部最天然的機器，只要是機器，就有一定的使用期限，就會有隨時壞掉的可能。

機器壞了，可以修理更換，但人的身體壞了，你能怎麼辦？

一位詩人曾說：「信心是半個生命，冷漠是半個死亡。」

一個人是否能健康長壽，關鍵因素固然有許多，但是，充滿對抗病魔的信心絕對是其中重要的一項。

中國著名的詩人白居易在四十歲那年突然染上重病，一夕之間頭髮皓白，齒牙脫落，身體虛弱異常。

然而，他並沒有因此被疾病嚇倒，反而抱持著戰勝疾病的勇氣和信心，用加倍樂觀的態度對待人生。因此，他才有流芳百世的詩作產生，成為中國文學界長壽老人的象徵。

有一位七十多歲的老人，十年前被診斷出患了癌症，醫生預測他的生命最多不會超過兩年。

得知自己罹患癌症之後，老人並不悲傷，始終保持樂觀向上的情緒，拚命與病魔對抗到底。不管病情發生多大變化，不管身

體承受多大痛苦，老人從不氣餒和沮喪；積極配合醫院治療的同時，他還努力參與自己能力範圍之內的體能鍛鍊。

一天一天下來，他已經平安度過了十個春秋。有人好奇地問他，是什麼神奇力量支撐他多活了這麼多年，老人家笑著說：「是信心！我每天醒來的第一件事，就是對自己說，我絕對不會倒下去，因為我還有很多事情要做，所以非把病治好不可！」

從養生學的觀點來看，信心是一劑驅除百病的靈丹妙藥。醫學證明，如果一個人的信心非常堅定而且持久，就可以相對提高抵抗疾病的免疫力。

疾病不僅折磨人的肉體，同時也摧殘人的精神。在病痛的折磨之下，意志薄弱的人往往容易喪失信心，終日恐懼、憂傷，因此會很快被疾病擊垮，使得病情急速惡化。人的心理影響人的生理，要想戰勝病魔，你必須先要有戰勝病魔的決心！

人到了老年，肉體經歷了幾十年淒風苦雨的摧殘，很難沒有一些病痛纏身。然而，我們的生命或許脆弱，或許不堪一折，但是只要有了對抗疾病的信心，生命就能強韌起來。

信心給予生命的不只是一種寄託，一份憑藉，一項支援，信心更為生命帶來永遠的堅強和力量。

正如蕭伯納所說的：「信心可以化渺小為偉大，化平庸為神奇。」你可以懷疑命運，但永遠不要懷疑你自己。

要先有健康的精神，才會有健康的身體。信心是精神的支柱，一個人只要精神不死，就能頑強地活下去，和命運奮鬥下去。

如此說來，信心不僅僅是半個生命，它幾乎是整個生命。

曾經擁有勝過天長地久

年歲漸長，經歷的事物多了，人的觀念、
思想都會有所改變，「永遠」或許不是不
可能，但是「不能永遠」卻有更多可能。

什麼是永遠？「永遠」很抽象，有時候，這一刻就是永遠。

當你真心真意地體會這一分鐘的時光，倘使內心充滿喜悅、
幸福，彈指剎那也可以成為你心中的永恆。

但是，這一分鐘過去了，請別忘了生活還是要繼續。

某個幼稚園的小女生，一直有「收集」的癖好。

她的收集項目，多半是我們大人眼中的「垃圾」，諸如糖果
紙、餅乾盒，甚至一些五顏六色的廣告紙，都在她的收集之列。

為了不要掃她的興，老師給了她一個大盒子裝她的「寶貝」，
並和她約定，只要這個盒子裝滿了，她就必須自行清理和取捨。
當然，盒子以外的東西，便不歸她所有。

有意思的是，她每次清理盒子時，總會發現有一些東西是她
不要的。不過幾個禮拜之前，她萬般心疼地收藏起來的東西，怎
麼才經過這段時間，就被毫不留情地丟進垃圾桶？

小女生總是一邊收拾，一邊喃喃自語地說道：「好奇怪！我
那時候怎麼會喜歡這個呢？」

　　小女孩其實就是我們的寫照，人的意念和喜好的改變，並沒有年齡之分，有時候，連我們自己都無法理解自己的善變。

　　然而，當我們長大之後，我們似乎忘了自己「善變」的天性，例如每遇到一個不錯的對象，我們就發誓「一生一世」、「生死相許」……，每當對方變心出軌、始亂終棄，我們還傻呼呼地追問「為什麼會這樣？」「怎麼可以這樣？」

　　殊不知，我們自己也曾經變過心、轉過性，每個人都是這樣走過人生路程的，不是嗎？

　　年歲漸長，經歷的事物多了，人的觀念、思想都會有所改變，待人接物的眼光也會有所不同。如果有人還能維持一成不變，那可能是因為他不求長進，實在沒有什麼值得高興的！

　　「永遠」或許不是不可能，但是「不能永遠」卻有更多可能。

　　太早承諾「天長地久」總會留下那麼點難堪，太早認定「此生唯一」也只會空留遺恨，或許這正是現代的年輕夫妻離婚率特別高的原因。

做個值得信任的人

「社會土石流」，正在瓦解人與人之間的
信任基礎。一個陌生人，甚至是平日交往
的親友，都可能引來致命的危機。

知名歷史作家王者覺仁在精采巨著《這就是唐朝》裡提出一
個相當重要的觀點，強調唐太宗李世民之所以能開創貞觀盛世，
關鍵就在於「信任」；他對手下的文臣武將毫無保留地信任，他
本身也是個值得信任的人。

信任是一把雙刃劍，既是一份無形的力量，同時也是一個沉
重的包袱。

信任是崇高的褒揚，也是嚴峻的考驗。少了信任，我們彼此
變得格格不入；但太多信任，又會淪於放任。

只有適度的信任，才能讓我們學會既放輕鬆，又懂得負責任。

參加過心理課程的人都知道，有一種克服心理障礙的訓練，
內容是團體中的人逐一輪流站在一個高高的平台上，整個身體向
後仰倒，由平台底下的夥伴們手拉手一起接住他。

據說，這是一項測驗人與人之間信任度的訓練，負責接住你
身體、掌握你安全的是一群剛剛認識不久的訓練夥伴。一旦他們
沒有盡心盡力、專心一意地去接住你，萬一他們哪個人閃了神，

哪個人的角度有偏差，那麼九十度向後仰倒的你，會有什麼慘痛的下場並不難預料。

參加過這個課程的人說，在訓練營裡總是會有幾個人終究無法克服自己的心理障礙，他們沒有辦法想像把自己的寶貴生命交付在幾個初相識的陌生人身上，因為信任一個陌生人的代價，很可能是全部的生命。

每個人都有自己獨特的想法，也都有自己願意冒險的尺度。我們相信，每個站在平台底下的人都會把「接住」別人的生命當成一件重大的事情，不會兒戲。

但是，我們也很能理解那些不敢讓人「接住」的朋友，因為在我們身處的這個世界裡，許多讓人無法置信的事會發生，原先都是建立在本來應該無庸置疑的信任基礎上。

例如搭乘公共汽車時，一些粗心大意的司機沒看清楚下車的乘客是否已經安全著地，或是正在上車的乘客是否已經穩當地上了車，就急急忙忙地關了車門開動，使得行動緩慢的老年乘客驚聲尖叫，情況如同「歷險」。這麼小小的一件日常瑣事，完完全全暴露了現代人的「信任危機」。

還好，這種不信任感只出現在某些情況裡，在絕大多數的領域中，我們都還是抱持著「姑且信之」的心態。

諸如郵購、匯款、轉帳……等，都是基於對金融機構和相關廠商各種分配環節的信任。

一個人願意相信某個自己沒辦法控制的商業體系，對個人以及對整體來說，都是一件美好的事情。

醫生和病人，老師和學生，法官和犯人，公車司機和乘客

……，即使兩個擦肩而過的陌生人之間，通常都會維持一份最起碼的信任關係。

醫生對病人的專業診斷，老師對學生的關懷照顧，法官的公正無私，司機對乘客的安全負責，陌生人互相尊重的原則……，這些是不言而喻的一種天然的契約關係。

正是因為維持著這層天然的契約關係，我們整個社會才可以均衡而有效地運作，生生不息！

然而，各種新型病毒、恐怖行動……搞得大家人心惶惶；詐騙、綁架……等等熟人犯罪案，也像「社會土石流」一樣，正在瓦解人與人之間的信任基礎。

一封電子郵件、一件包裹、一個陌生人，甚至是平日交往的親友，都可能引來致命的危機。過去「彼此互相信任」這個觀念可能必須適度修正，否則就會讓自己陷入險境，但如今我們處在逐漸失去彼此信任的大環境裡，更應該曉得缺乏信任的可怕！

要讓別人信任，首先，做個值得信任的人吧！

真誠面對自己才是上策

> 有些事情是騙得了別人，卻騙不了自己的。
> 只有一顆「誠實」的心，才有可能扭轉過
> 去不誠實的人生。

有位哲人曾經寫下這樣的句子：「誠實的種子，才可孕育美麗的花兒；勇敢地面對，才是解決問題的鑰匙。」

每個人都難免會有弱點，弱點並不可怕，只要坦然面對就能克服；最可怕的是，你不敢坦誠面對自己的缺陷，那麼就連扭轉的餘地也沒有了。

台灣學生的英文程度普遍較差，有些高職的英文課根本只是虛應故事，一位剛從師大畢業的實習老師就面臨這樣的窘境。

她是一位英語專業科系的高材生，長得嬌小可愛，一臉溫和的樣子，畢業後分發到一所高職實習。只是，在龍蛇雜處的高職裡，「溫柔」意味的不是「受歡迎」，而是「好欺負」。

剛進到這間學校之時，她教的是畢業班的英文課。

因為學生們只求及格就行了，所以老師認真的教學態度，反而造成他們的「困擾」，甚至責怪老師為什麼不提早下課，為什麼教那麼多，或是惡作劇地傳紙條，請老師把冷氣關小一點——要不然睡覺會感冒。

學生們對英文課總是興趣缺缺，令這位剛踏出校園的老師十分困惑。懷著一股教學熱忱的她，於是自行準備了一些測驗，希望能夠藉此瞭解學生的真實程度，以便對症下藥。

考卷交回來了，她發現了全班三十多個人，答案完全一模一樣，包括錯誤的部分。

這種情況令她非常失望，立刻把這次考試的情況報告學校，但是，校方卻認為這種事無可厚非，甚且表示這又不是什麼大考，只是老師個人私底下的測驗。

不管是教務主任、訓導主任或是校長，都對這件事一笑置之，除了重重的無力感，她什麼也沒有得到。

第二天，她照常打起精神給學生們上課，講到一半時，突然停了下來。

她嚴肅地說：「我知道對你們來說，英語在生活上也許沒什麼用處，但是將來的社會會變成什麼樣子，誰也不知道。總有一天，你們會後悔現在沒有把握時間好好學英文……。各位同學，我只是一個實習老師，過了十年二十年，你們也許會把我忘記，但我希望你們記住今天我說的話，無論如何，都要做一個誠實的人……」

她一邊流淚，一邊轉身在黑板上寫了一段英文句子：「The most important thing is to be honest」。

有位同學用字典查出了這句話的意思：最重要的事是誠實。

後來，這位同學進入了一家外商公司工作，因為工作上的需要，不得不從頭開始認認真真地學英文。每當讀到「honest」這個字時，他總會想起當年那個溫柔婉約的實習老師。

　　不論做什麼事，都要提醒自己放下虛妄，保持一顆赤忱的心，真誠地面對自己，如此才不會因為一時的不誠實而後悔。

　　有些事情是騙得了別人，卻騙不了自己的。只有一顆「誠實」的心，才有可能扭轉過去不誠實的人生。

　　不會英文，也許還可以在社會上立足，但是，一個不誠實的人，卻是走到哪裡都不會受歡迎的。

　　誠實是一種生活的態度，更是一種對生命的承諾。人不可能沒有缺點，只有用一顆誠實的心坦蕩蕩地去面對缺點，才有可能改變自己。

　　對一個真誠的人來說，誠實不是最佳策略，而是唯一的策略。

真正的愛，就從珍惜開始

愛的範圍很大，但是愛的表現卻可以具體而微。坐而言不如起而行，真正的愛，就從「珍惜」開始！

古巴詩人何塞‧馬蒂在他的詩集裡寫著：「一個人只有把自己和國家的一切事物聯繫起來，才能有所進步，才能有所作為。」

愛國原本是一種高尚而寬闊的情操，具備這種情操的人，愛自己的國家就像愛自己和自己的家庭。

但是，由於「愛國」太過抽象，許多人把它從動詞變為光說不練的名詞，甚至變成修飾自己的形容詞。

愛國的表現有很多，究竟哪一種才是真的愛國呢？

有兩個人並肩走在大學的校園裡，其中一個人是台灣人，另外一個是金髮碧眼的外國留學生。

他們兩人在校園的小徑上邊走邊談，台灣學生問了許多關於外國的風土民情，他立志畢業以後要出國留學、前進矽谷。

外國留學生聽了他的雄心大略，好奇地問：「你出國以後還會想要回來嗎？」

「你認為呢？」台灣學生反問道。

「很多留學生出去以後，除非實在混不下去了，否則他們都

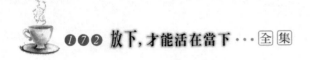

是不願意回來的。」外國留學生笑了笑。

「我會回來的……因為，我覺得台灣需要像我們這樣的人才，特別是可以從國外帶回先進技術的那種。以前的時代，留學生出去後的確回來得很少，難怪有人說，台灣留學生是專門為外國企業準備的……，但是，我不一樣，我是很愛國的。」

台灣學生慷慨激昂地發表自己的愛國宣言，末了，他伸手從褲子的口袋裡掏煙。

一不留神，一枚閃著光芒的小東西從他褲子掉了出來，向前滾了幾圈，落在前方的一灘泥坑裡。

台灣學生笑了笑，雙腳狠狠地從泥坑上踩過，外國留學生看見了，不由得大叫一聲：「Oh! No!」

台灣學生驚訝地站在原地，不知道這個外國學生為什麼反應這麼誇張，不就是一塊錢嗎？

「這是台幣，又不是美金，只不過一塊錢，沒什麼大不了的！」台灣學生依舊嬉皮笑臉地說。

「難道你不知道，硬幣上有你們國家的國徽嗎？」外國留學生一個字一個字地說著，顯然有一點憤怒。

這會兒，台灣學生什麼也說不出來，直到現在，口口聲聲說自己愛的他，這才真正認識到「愛國」這兩個字。

現代人總是把「愛」掛在口頭，卻根本不知道什麼才是愛，不是讓愛淪為光說不做的口號，便是一味用自以為是的方式對待別人，使得所謂的「愛」變成一次次傷害。

任何類別的愛都不是口號，而是必須表現在行動上，否則只不過把愛當成藉口或手段。

　　一個口口聲聲愛鄉愛民，手中垃圾卻任之隨風飄揚的人，是根本不懂「愛」，更談不上「愛國」的。

　　一個口口聲聲要爭國格、爭尊嚴，卻老是媚外崇洋的人，不但暴露了自己的奴性，也把國家的尊嚴踩在腳下。

　　身為平民百姓，我們也許不能為國家做什麼了不起的事，但最起碼，我們應該打從心底認同我們的國家，並且愛護國家如同愛護自己一般。

　　愛的範圍很大，但是愛的表現卻可以具體而微。坐而言不如起而行，真正的愛，就從「珍惜」開始！

PART 8

感恩知足就會過得幸福

如果人生可以重來一次，

　　但願除了後悔、怨懟、不甘心之外，

　我們還能有更多的感恩、滿足，

　　與不後悔……

出現錯誤，就要尋找其他出路

失敗是每個人生都會歷經的過程，我們該
學習的不是如何避免失敗，而是如何善用
失敗的價值。

拿破崙曾經說過：「人生的光榮，不在永不失敗，而在於屢
仆屢起。」

沒有經歷過失敗的人，算不上是真正的成功者；失敗是光榮
的勳章，最困難時，往往就代表我們離成功不遠了！

當然，你必須放下失敗的糾纏，才能擁有成功的未來。

中國最近的考古發現證實，早在蔡倫三百年之前，中國人就
發明了紙。紙張改變了人類書寫的歷史，到了十九世紀，人類開
始以木漿來造紙，更是紙業發展的一大進步。

二十世紀初期，美國史古脫紙業公司向下游廠商訂購一大批
紙，卻因為運送途中的疏忽，長期的海運造成紙面潮濕，進而產
生皺摺，大大減低了紙張本身的價值，成了一大批無用的廢紙。

面對堆積如山、不能使用的紙，大家都不知道該如何是好。
有人建議，趁早把紙退回給供應商以減少自身的損失。這個建議
雖然違背道德，但符合商業利益，立刻獲得大多數人附議。

只有公司負責人亞瑟‧史古脫不這麼想，他認為紙張的損壞

是自己造成的，怎麼能讓別人來承擔責任呢？

　　然而，這一大批放在倉庫中的紙實在讓他很傷腦筋，他不斷想著，要怎麼樣利用這批旁人眼中毫無用處的瑕疵品。

　　經過了好長一段時間不眠不休的思考和實驗，史古脫想到要把這些皺皺的紙捲成一捆一捆，並且每隔一段距離打上一排洞，讓人們能夠輕易把紙張撕成一小張一小張的。

　　後來，史古脫把這個新發明取名為「桑尼」衛生紙，販售給飯店、公共場所、學校……等，讓人將它放置在廁所中。

　　這種捲筒衛生紙因為方便使用而意外廣受好評，在史古脫的細心經營之下，「桑尼」衛生紙逐漸普及到一般家庭，成為家家戶戶必備的日常生活用品，史古脫紙業公司一下子創下了有史以來最多的利潤。

　　如今，衛生紙早已由捲筒式、平版式進步到各式各樣的抽取式，成為現代人生活中不可或缺的民生物品。但是，很少人知道它之所以成功，竟然是起源於一場失敗。

　　比薩斜塔因為設計錯誤而聲名大噪，威尼斯因為地勢低窪海水入侵而意外成為浪漫水都……，這些例子在在說明了，當錯誤難以補救時，就必須放下錯誤，妥善運用錯誤的其他價值。

　　出現錯誤，就要尋找其他出路，創造出不同的價值；連上帝都有犯錯的時候，你又何必為一時的失敗感傷呢？

　　格雷斯頓曾說：「沒有人是真正偉大或完美的，每個看似成功的人都是經歷過無數次的錯誤，才能擁有今天的成就。」

　　失敗是每個人生都會歷經的過程，我們該學習的不是如何避免失敗，而是如何善用失敗的價值。

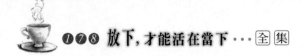
讓別人享受助人的快樂

> 「請你幫幫我」，這句話不只是請求，更是
> 友誼的驗證。當你願意幫助別人，也願意接
> 受別人幫助時，人際關係才得以平衡。

　　關於朋友之間的互動，德國作家海澤在《台伯河畔》一書中寫道：「人們相互希望得到越多，想要給予對方的越多，就必定越親密。」

　　這段話提醒我們，朋友交往過程中，相互期望越高與相互幫助越多，彼此的感情就會越深厚。

　　俗話說得好：「助人爲快樂之本。」在享受幫助別人所帶來的快樂的同時，我們是否也應該把這樣的快樂回饋給對方呢？

　　有一天，抽空前去探望一個朋友。

　　當我到達她的辦公室時，她正在請求一個人幫忙找一本書，而且一再對那個人說這本書對她來說是多麼的重要。

　　那個人爽快地答應了，並且拍胸脯保證說一定會替她辦到。

　　那個人走了以後，我大惑不解地調侃我的朋友：「妳老公不是在圖書館裡工作嗎？有什麼書借不到！況且，借一本書不過是舉手之勞，有必要這樣千拜託萬拜託嗎？」

　　朋友笑了，向我解釋之所以這樣做的原因。

原來，那個人家境大不好，經常接受我朋友的幫助，每次幫助之後，那個人自然都表現出萬分地感激。

有了良好的回應，朋友更加樂意幫助他了，只是隨著幫忙的次數增加，朋友發現自己和對方的關係反而疏遠了。

一開始，她不能理解其中原因，但漸漸地，她發現對方的疏遠只是單純地出自於「不好意思」。

對方認為自己總是在接受別人的幫助，除了表示感激之外，別無回報。因此，他開始不希望接受別人太多的幫助，畢竟，欠下的人情債，始終會是心裡的一塊重石。

朋友了解對方這種心態以後，便反過來開始找他幫忙一些能力可及的事，並且在每次接受幫助後，都由衷地向他表示自己的感謝，暗示他幫了自己「好大的一個忙」。

每次這麼做時，她都會看到對方眼裡閃爍著興奮的光芒。

原來，坦然接受別人的幫助，無意中也是對別人的一種幫助。

施比受富有，有時候，我們也應該讓別人享受一下這種「富有」的滋味！

「請你幫幫我」，這句話不只是請求，更是友誼的驗證。當你願意幫助別人，也願意接受別人幫助時，人際關係才得以平衡。

沒有人是萬能的，每個人都有需要別人幫助時，受人幫助並不可恥，我們又何必打腫臉充胖子，拒絕別人的好意呢？

相反的，當你接受別人幫助時，反而證明了你是個有人緣的人，至少還有人願意伸出援手幫助你。

這個時候，你該為自己的好運感到慶幸，同時細心想想，是不是該回報別人恩惠的時候了！

克服惰性才不會陷入困境

好吃懶做是人的通病，不加以克服的話，
最後當然會陷入困境；大多數人缺乏的不
是成功的能力，而是勤勉的毅力。

　　拿破崙曾經在一封寫給內政部長的信件中，勉勵他說：「我
們應當努力奮鬥，有所作為。這樣，我們就可以說，我們沒有虛
度年華，並有可能在時間的沙灘上留下我們的足跡。」

　　人只有克服自己的惰性，才不會陷入困境；不管做什麼事，
都應該竭盡全力，千萬不要輸給了自己的惰性。

　　天底下有太多難事，對你而言，什麼才是最困難的一件事？

　　美國《電視指南》雜誌曾經公開徵文，向洛杉磯市民募集他
們心目中的「天下第一難事」。

　　不久，雜誌社從不同年齡、不同階層的人那裡得到五萬多份
大異其趣的答案。

　　一個五歲的小男孩認為，如何在廚房偷吃果醬而不被媽媽發
現，這是天下第一難事。

　　一個十五歲的少女則堅信，讓那些在街上溜滑板的男孩子見
到她時不吹口哨，是最難的。

　　一個二十五歲的退役軍人認為，當年政府下令結束越戰，是

天下第一難事。

一個三十六歲的母親見解顯然和軍人不同，她認為能在同一個地方找到四歲兒子的兩隻襪子，是天下第一難事。

一位四十六歲的男子，他心目中的天下第一難事是，讓他嘮叨的妻子安靜閉嘴五分鐘。

一位五十六歲的單身女性寄來的答案是，和男士交往時如何避免誤會產生，是天底下最難的一件事。

經評審委員投票，最後由一對九十六歲的老夫婦獲得了這次有獎徵答的冠軍；這對老夫婦認為，如今要養好一條狗，是天下最難的一件事。

這對老夫婦住在洛杉磯郊外的一座牧場，他們說是正在給一隻小狗餵奶時，無意中看到了《電視指南》，所以就立刻寫下了這封信，內容是：

你好，我們有兩個孩子，一個叫霍克，一個叫瑪莉。霍克是這隻小狗的爸爸，瑪莉是牠的媽媽；這兩個孩子十分聰明可愛，白天牠們負責在牧場幫忙看顧牛群，晚上就睡在大門口的柵欄旁。

牠們可以說是世界上最討人喜歡的孩子，餓了就到牧場上去追逐野兔，渴了就到小溪邊飲用溪水；牠們在牧場上肆無忌憚地談戀愛，並且為我們生下兩對活潑的小孫子。

一天，一個可惡的推銷員來到我們家，向我們推銷一種叫做「老獵人」的寵物食品。我們拒絕了他，可是他偏偏要留下一箱，說是贈送的。

為了不浪費食物，我們打開來給孩子們吃，沒想到牠們竟然非常喜歡，所以我們發了訂單向寵物食品公司訂貨。

後來，那個可惡的推銷員又來了。他給霍克和瑪莉帶來了「老獵人」牌的護腹巾和防風帽，交代我們冬天時給牠們戴上。

到了第三年，他又用卡車送來一個「老獵人」牌的狗屋。這時，我們心裡想，牠們既然已經穿上了護腹巾和防風帽，冬天就不能睡在野外了，所以就把狗屋收了下來。

自從牠們有了這些以後，就不怎麼喜歡到牧場上去了，整天懶洋洋地躺在那裡，就算見到了兔子也動都不動。從前，牠們多麼喜歡在牧場上追逐嬉戲，現在連做愛都很少見到。於是，我們聯繫了那家公司，第二天，那位推銷員就送來一架「老獵人」牌寵物跑步機。

現在，牠們幾乎什麼都有了，「老獵人」牌寵物浴缸、「老獵人」牌寵物護毛乳液、「老獵人」牌寵物剪刀、「老獵人」牌寵物刷子……，甚至還包括「老獵人」牌寵物墓地。

前一陣子，牠們生下這隻小狗，我們兩老高興得不得了。要知道，牠們已經三年沒給我們生過孫子了。

遺憾的是，這隻小狗生下來就不會自己吃奶，像個小嬰兒似的，天天都需要我們餵。前幾天，「老獵人」公司送來了「老獵人」牌寵物奶粉和小狗專用湯匙。原本，我們打算給牠們拍張全家福照片，可惜那天風實在太大了，霍克和瑪莉不願意走出牠們溫暖的狗屋，所以沒有成功，不然我們就可以寄張照片給你們了。

如今，我們年事已高，要把這隻嬰兒般的小狗養大已經十分困難。這次寫信給你們，並沒有要參加「天下第一難事」徵答的意思，只希望能夠透過你們雜誌，找到一位天下最慈善的人來收養牠。

這對老夫婦的信被刊登在《電視指南》雜誌上，不過，看到的人很少，因為那期的《電視指南》全部被「老獵人」公司收購了。一直到十多年後，《電視指南》雜誌再度向洛杉磯市民徵求「天下第一奇事」，這則軼聞才被人在網路上揭露出來。

　　的確，天底下最難的一件事，不是照顧一個貧窮的人，而是忍受一隻被寵壞了的懶惰的「狗」。

　　格里力曾說：「年輕人最黑暗的時光，是當他們坐下來思索如何不用勞力去獲得錢財的時候。」

　　如果你只是貧窮，還有人願意幫助你。但若是你懶惰，那麼大家就會敬而遠之，到最後就連上帝也幫不了你。

　　好吃懶做是人的通病，不加以克服的話，最後當然會陷入困境；大多數人缺乏的不是成功的能力，而是勤勉的毅力。

把人生當成築夢的過程

> 我們都曾因為花兒的朝開暮謝而感歎，忘
> 了人比花朵更不堪。花謝了，有再開的時
> 候。人走了，什麼時候再回來呢？

當過學生的人都知道，最後關頭或死線（dead line）之前趕
出來的作品往往是最精采的。

然而，非要等到死線將臨才曉得動手，這樣在時間壓力下逼
迫自己向前的人生，你認為精采嗎？

要把人生當成築夢的過程！何不趁著現在就列出自己的人生
計劃表，以積極的態度逐一實踐自己的夢想？

病房裡同時來了兩位病人，都是因為鼻子不舒服，正在等待
化驗的結果。在無聊的等待期間，兩位病人由於同病相憐而結成
了好朋友。

甲說，如果是癌症，他會立即去旅行，並且首先去他嚮往已
久的西藏，乙立刻表示自己也心有同感。

化驗結果出來了，甲患的是鼻咽癌，乙長的只是鼻息肉。

被宣判死刑的甲立刻列了一張告別人生的計劃表，離開了醫
院。乙則在醫院裡住了下來，準備接受長期治療。

甲在計劃表上面寫道：希望能去一趟西藏，然後到威尼斯坐

船，再到馬來西亞以椰子樹爲背景拍一張充滿陽光的照片。接著，在北海道過一個多天，並且去俄羅斯看一看；登上長城，讀完莎士比亞所有的作品，到百老匯再看一次《歌劇魅影》，寫一本記錄死亡過程的書⋯⋯。

計劃表上，諸如此類的願望，總共有二十七項。

末了，他在這份計劃書的最後寫著：我這一生有很多夢想，有的實現了，有的因爲某些原因而沒有實現。現在上帝給我的時間不多了，爲了毫無遺憾地離開這個世界，我打算用最後的生命去實現這二十七個夢。

當天，甲就辭掉工作，啓程去實踐這趟夢想之旅。

第二年，他又以驚人的毅力和韌性考上了研究所，開始研究人類的生死學。這期間，他去過俄羅斯，去過長城，還在北海道一處牧場裡住了一個月。後來，他也運用他學得的知識，實現寫一本書的宿願。

有一天，乙在報紙上看到甲寫的一篇散文，便打電話去問候甲的病。

甲回答說：「我實在無法想像，如果不是這場病，我的生命可能還停留在原地打轉。病魔提醒了我，要去做自己真正想做的事，要積極去實現自己想實現的夢想。你呢？應該也跟我一樣努力吧！」

乙沒有回答，放下電話後感到一陣悵然。

因爲，住院期間每天思思念念的夢想和願望，早已因爲患的不是癌症而被他放到腦後去了。

大家都曾讀過「林花謝了春紅，太匆匆，無奈朝來寒雨晚來

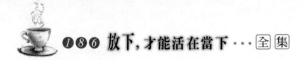

風」這樣的句子，我們都曾因為花兒的朝開暮謝而感歎，忘了人比花朵更不堪。

花謝了，有再開的時候。人走了，什麼時候再回來呢？

一江春水，可以循環不竭。一輪生命，如何能再重來呢？

我們常常緬懷過去的美好回憶，用心計劃未來的美好願景，但就是忽略了現在進行的一切，以致經常造成不能挽回的遺憾。

生命的盡頭，也許遠在天邊，也許近在咫尺，如果不趁著有限光陰，好好地把握生命中的每一刻，等到生命如流水般地逝去，如花兒般地凋謝，就只能感歎「多少好花空落盡，不曾遇著賞花人」了！

虛心觀察世界，努力提升自己

用虛心的眼光看世界，用嚴格的眼光看自己，才能調整自己的姿態，讓自己在人生舞台上有更出色的演出。

俄國大文豪托爾斯泰曾經感慨地說：「大多數的人想改造這個世界，但卻少有人想改造自己。」

在觀看世界的時候，如果不能留一隻眼睛認識自己，又怎麼會有正確的眼光來改變這個世界呢？

日本江戶時代有兩位第一流的劍客，一位是宮本武藏，另一位是柳生義壽郎；據說，宮本武藏是柳生義壽郎的師父。

當年，柳生在拜師學藝時，曾經問過師父：「以我的資質來說，要苦練多久才能成為日本第一流的劍客？」

宮本武藏回答：「最少要十年。」

年輕氣盛的柳生不死心，繼續問道：「那麼，如果我加倍苦練呢？」

宮本武藏回答：「那就要二十年。」

柳生一臉疑惑，又問：「如果我晚上不睡覺，不眠不休，日以繼夜地苦練，那要多久才能成功？」

宮本武藏笑了笑，答道：「如果你真的那麼做，那麼你根本

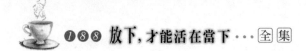

不可能成為第一流的劍客，因為你必死無疑。」

柳生非常驚訝：「為什麼？」

宮本武藏這才說出劍道的精髓：「因為，要當一流劍客，就必須隨時留一隻眼睛注視自己，不斷檢討自己、反省自己。現在，你的兩隻眼睛都只死命盯著劍客的閃亮招牌，哪裡還有多出來的眼睛注視自己呢？」

柳生聽了這番話，不禁感到汗顏，從此認真體會劍道的真諦，終於成為一名第一流的劍客。

一個揚名國際的舞者說，精進舞藝最好的方法，不是閉門造車地苦練，而是仔細觀察其他舞者在舞台上的一舉一動，從中發覺自己的缺點。

不只是舞蹈，歌唱、棋藝、烹飪……，做任何事情，我們都必須經過觀察別人、改善自己，才能學有所成。

觀察別人的目的就是要改善提升自己，一心一意只觀照自己，卻不想改進自己的人，到頭來只會成為一隻偏執的井底之蛙。

用虛心的眼光看世界，用嚴格的眼光看自己，隨時知道自己與別人之間的距離，才能調整自己的姿態，讓自己在人生舞台上有更出色的演出。

感恩知足就會過得幸福

如果人生可以重來一次，但願除了後悔、
怨懟、不甘心之外，我們還能有更多的感
恩、滿足，與不後悔……。

我們常常說：「如果有下輩子，我要當……」

願望也許是大富翁，也許是科學家，也許是一隻鳥，也許是一棵樹……，很遺憾的，很少人會夠堅定地說：「如果有下輩子，我還是要當我自己！」

話說有一天，上帝酒足飯飽後突發奇想：「如果讓現在世界上每一個生物都再活一次，他們會怎麼樣選擇呢？」

於是，上帝授意發給世界眾生答案卷，讓大家作答。

問卷回收之後，上帝驚訝不已，因為貓回答：「假如讓我再活一次，我要做一隻老鼠。因為現在的我很可憐，偷吃主人的一條魚，就會被主人打個半死。可是老鼠呢，牠們可以在廚房裡恣意翻箱倒櫃，大吃大喝，主人對牠們根本無可奈何。」

老鼠回答：「假如讓我再活一次，我要做一隻貓。因為，做貓可以吃得好，睡得好，從出生到死亡都由主人供養，偶爾還有我們的同類給牠打牙祭，做貓真好。」

豬的回答是這樣的：「假如讓我再活一次，我要當一頭牛。

雖然生活辛苦了一點，但是名聲好。哪像我們，一輩子都是傻瓜、懶惰蟲的象徵，連罵人也要扯上我們，明明蠢的那個是人嘛！干我們什麼事？為什麼偏偏要說他是『蠢豬』呢？」

牛回答：「假如讓我再活一次，我寧願做一頭豬。現在的我只能吃草，還要擠奶給人類吃，用盡力氣幹活，但是有誰誇獎過我？做豬多自在，吃了睡，睡了吃，真是好命！」

老鷹說：「假如讓我再活一次，我希望做一隻雞。雞有免費的飲水、米糧，還有房子住。我們呢，一年四季漂泊在外，忍受風吹雨淋，無論什麼時候都需要提防明槍暗箭，沒一刻安寧，活得真累！」

雞則說：「假如讓我再活一次，我希望做一隻老鷹，因為，當老鷹可以自由自在地翱翔，任意捕兔捉雞，多威風啊！哪像我們，除了生蛋司晨以外，每天都還要膽顫心驚，怕下一個被拖出雞籠宰殺的就是自己，惶惶不可終日。」

蛇說：「如果讓我再活一次，我要做一隻青蛙，做青蛙多好！處處受到人類的保護。不像我們走到哪裡，都要遭人毒打，還要被拿去表演生剝蛇皮，做蛇真是可悲！」

上帝看到這裡，激動得一口氣提不上來，氣沖沖地把所有答案卷全部撕得粉碎，厲聲喝道：「一切照舊！」

看到魚兒在水中游來游去，我們會羨慕牠們的優游自在，正因為我們不是魚，因此我們會認為生活在水中是一件快樂無比的事，想要化為水中之魚，忘了要珍惜自己所擁有的幸福。

大多數人都是貪婪且不知滿足的，好還要更好。或許，這是社會之所以進步的動力，然而，懂得珍惜眼前的幸福，才是心靈

得以寧靜的源頭。

　　作家莫羅斯曾經寫道：「凡是相信只有追逐不屬於自己的東西，才能獲得幸福的人，命運總是和他作對的。」

　　放下內心那些偏執、貪癡、怨懟、憎恨，是我們活得快樂的最重要因素，也是生命能否提昇至更高境界的關鍵；放下是從苦惱中超脫的最好方法，不肯放下只會讓自己陷入的痛苦和折磨之中。

　　如果人生可以重來一次，但願除了後悔、怨懟、不甘心之外，我們還能有更多的感恩、滿足，與不後悔……。

守住信用才有尊嚴

信用代表的不只是一個人的名譽，更是這
個人的人格。「守信」讓人懂得謹言慎
行，這種人才值得尊敬！

古希臘哲學家德謨克利特曾說：「卑劣的人在有所需求的時
候所做的誓言，一旦他們脫離窘境，就不加信守了。」

提起不守信用的人，大家都會露出鄙夷唾棄的神情，一副應
該給予道德懲罰的模樣，但事實上，我們自己卻常常失信於人而
不自知，或是故意裝做不知道自己是缺乏誠信的人。

有人做事草草率率，有人經常信口雌黃。殊不知，這個時代，
信用卡或許氾濫，一個人的信用，卻是永遠都不嫌多的。

法國巴黎公社起義失敗以後，一位十六歲的少年被宣判死刑，
由一名軍官和十二名槍手來執行。

當這個少年即將被槍決之時，突然告訴監刑官自己想在死前
做最後一件事：「我母親就在附近，她非常貧窮。我這裡有一個
金錶，可不可以讓我先把金錶送去給她，然後再回來受死？」

這位監刑官宅心仁厚，恰好也有一個差不多年紀的兒子，很
自然地便把兒子的影像投射在這個死刑犯身上，因此答應了少年
的請求。反正這是一個年輕的孩子，就算放走後他不再回來，也

是功德一件。

　　望著少年匆匆離去的背影，所有人都相信，他是不會再回來了。豈知，半個小時之後，少年竟然氣喘吁吁地跑回來了。

　　他淚流滿面的對軍官說：「先生，非常謝謝你，我已經把手錶交給我母親了，現在我死而無憾了。」

　　偌大的刑場頓時一片死寂，執刑的軍官愣了很久，才萬般艱難地緩緩揚起手臂，接著，十二支步槍同樣顫抖地舉起⋯⋯

　　國共內戰後期，有一位大地主的姨太太準備逃往台灣，臨走前，把一個小檀木盒子偷偷託給自己的貼身女僕保管。

　　女僕信誓旦旦地說：「您放心好了，只要有我在，這個盒子就會在！」

　　幾年以後，留在大陸的女僕成了家。她的丈夫無意中發現了珍藏的小檀木盒子，懷疑裡面藏著金銀珠寶，硬要打開。女僕說：「我答應過人家好好保存這個盒子，如果你要動它，我只好死。」

　　有一年發生大水災，女僕兩夫婦和兩個孩子因為糧食短缺，餓得幾乎奄奄一息，丈夫又打起木盒子的主意，女僕卻依舊斬釘截鐵地拒絕。

　　一直到女僕患了末期癌症，沒有錢住院，丈夫再次提起是不是將木盒子打開，裡頭或許有什麼值錢的東西可以換回她一條命。人命關天，木盒子的主人會體諒的，可是女僕依舊斷然回絕了。

　　數十載後，兩岸開放探親，白髮蒼蒼的姨太太回到鄉下來。鰥居多年的女僕之夫鄭重地將小檀木盒子原封不動地交還給她。神秘的木盒子終於打開，盒子裡只有一大疊信箋，以及幾個不值錢的紀念品，例如貝殼手鐲、木雕飾品、竹笛、鵝卵石⋯⋯，都是姨太太用來悼念青春愛情的信物。

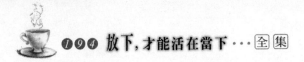

　　守信，讓死刑犯的人格變得崇高，讓女僕原本晦暗的生命變得灼熱。只要是活著的一天，人就應該信守承諾。

　　瑞士作家阿密埃爾曾經這麼說：「信用就像鏡子，只要有了裂痕，就不能像原來那樣連成一片了。」

　　信用代表的不只是一個人的名譽，更是這個人的人格。

　　失去金錢可以再賺，但是丟了信用卻永難彌補；失去性命也許可惜，但是丟了信用徒留臭名，活著也讓人瞧不起。

　　「守信」讓人懂得謹言慎行，這種人才值得尊敬！

多加一點點的神奇效果

多走一步，也許還到不了成功的境地，但
至少可以看到不同的景色，總有一天，你
會跨越那道象徵成功與失敗的界限。

九十九度再加一度，自來水就會沸騰，變成開水了。

開水與生水的區別，就是這麼區區一度之差。很多事情的結果之所以會有天壤之別，也正是因為這個微不足道的一小度。

例如，家喻戶曉的可口可樂當中，有百分之九十九是水、糖、碳酸和咖啡因。這沒什麼稀奇的，大部分的飲料也都是由這幾種原料構成的，然而在可口可樂中，還含有百分之一的東西是其他飲料所沒有的。

就是這個神秘的百分之一，使可口可樂公司每年有四億多美元的淨利，而其他品牌的飲料，每年只要有八千萬美元的收入就已經很不錯了。

有兩個婦女為了貼補家用，各自在路邊開了一間早餐店，販賣三明治、漢堡、奶茶之類的早餐。其中，一家店生意一天比一天興旺，另一家店卻在三個月之後營運不佳而收了起來。

據說，這兩家店的生意之所以有這麼大的差別，導因於一只雞蛋。生意越來越好的那一家，在每位顧客到來時，總是問三明

治要加一個蛋還是兩個蛋，而生意不好的那一家，只是問客人要不要加蛋。

兩種不同的問法，使得第一家每天幾乎賣出兩倍的雞蛋。雞蛋賣得多，獲利就大，就可以輕鬆負擔各種費用，進而推陳出新、精益求精，生意然也就做得下去。另一家雞蛋賣得少，盈利自然就小，很難有多餘的力氣去改革求進步，久而久之，店舖不賺錢，只好收起來。

很難想像是吧！成功與失敗之間，僅僅隔著一只雞蛋的距離，就看你能不能使用獨特的方法衝過臨界點。

如果你不知道成功與失敗的臨界點在哪裡，那麼，不管自己已經走了多遠，都要勉勵自己：「再多走一步！」

多走一步，也許還到不了成功的境地，但是，至少可以看到不同的景色；再多走一步，也許會多浪費一分力氣，但是，至少可以培養堅持到底的決心，總有一天，你會跨越那道象徵成功與失敗的界限。

成功與失敗的差別，可能在於一個只是「想成功」，另外一個卻是「無論如何都要成功」。如果你已經決心要走到終點，那麼又何必計較在終點之前的這幾里艱苦的道路呢？

零與一百之間只差一小步，只要充滿決心，就可以到達全新的境界。

人生，需要不同的風景

換不換跑道也許是個人的選擇，但無論如何，生命始終必須前進；我們的人生需要不同的風景，才能顯得精采。

法國存在主義哲學家沙特曾經說過：「人類不應該只是『存在』，而是應該自我創造。」

人生最困難的，無疑是選擇創造。當眼前一片坦途，只要順著這條道路走下去，你就可以一直著舒適安逸的生活，這時你會選擇這條一成不變的道路，還是勇於突破，攀登人生的險峰，一窺壯麗奇偉的景致？

中國天才王峻濤以十六歲的年齡考上哈爾濱工業大學電腦系，後來又因為開發網路應用專案而獲得「國家科學進步獎」，二十九歲時就當上航空部的高級工程師。

命運對王峻濤實在非常寵愛，任誰都看得出，命運為他鋪設的是一條康莊大道，只要照著這條路穩穩當當地走下去，他會活得比大多數人都好。

然而，王峻濤卻出乎大家的意料，選擇在這時放棄已有的一切，半路出走，冒險成立自己的公司。

王峻濤認為，要先打破自己，才能創造自己。

　　一九九九年，北京聯邦有限公司建立珠穆朗瑪數位巔峰網站，王峻濤便趁這個機會，利用網上購物的方式來出售自己的軟體。

　　當時，人們對電腦還不若今天這樣熟悉，要讓人們對著電腦螢幕就肯掏出銀兩絕非易事。有鑑於此，王峻濤想出了一種介於線上與面交的付款方式，客戶們只要在網路上把貨訂好，網站就會告訴你一個帳號，客戶只要用自動提款機把錢轉入那個帳號，並不必提供信用卡資料。

　　這種方便又安心的交易方式，使得王峻濤只花了三個月的時間，就達成了公司全年的一百萬元預定目標，王峻濤的八八四八網站販賣三萬多種軟體相關產品、十餘萬種書籍，成了中國規模最大的線上銷售商業網站。

　　被喻為中國 IT 業「新四大天王」的王峻濤勇於打破自己，也因為這樣而創造了全新的自己。

　　一個人走到山窮水盡時才想打破自己，是可以理解的；最難得的，是像王峻濤這種已經到達某一種高度，還會想要更上一層樓的人。

　　雖然這無疑是給自己多了一個失敗的機會，按傳統觀念來說，顯然有些吃力不討好，運氣不好的話，還有可能傾家蕩產，一無所獲。

　　但若是不打破原來的自己，我們怎麼會知道自己究竟有多大的潛力，有多大的能耐？

　　不打破自己，我們就無法打造全新的自己，無法真正了解自己，進而肯定自己。

　　這樣的道理人人都懂，但是勇於實踐的人卻不多。我認識一

位才華洋溢的女歌手，她的嗓音甜美，甫出道便紅極一時，但她在最炙手可熱時閃電結婚，從此成為幸福的家庭主婦。

安穩的生活使她對歌唱不再那麼執著，相夫教子也減低了她對歌唱的熱愛，更埋沒了她的創作才華，漸漸地，她就這樣慢慢沉寂下去了。

現在的她，和一般平凡的家庭主婦無異，眼睜睜看著一個個年輕人在事業上超越了自己，那些曾經擁有的才華好像從未在她身上出現過似的。

換不換跑道也許是個人的選擇，但無論如何，生命始終必須前進；我們的人生需要不同的風景，才能顯得精采。

PART 9

先救自己，
別人才有機會救你

當你遇到未能預知的命運風暴時，

除了祈求上天的垂憐，

也請不要忘記正確的人生態度——

先拯救自己，別人才有機拯救你。

給自己多一點掌聲

法國思想家蒙田在《隨筆》裡寫道：「我不在乎我在別人的心目中是如何，而是更重視在我自己的心目中如何；我要靠自己而富足，不是靠求助於人。」

美國作家德萊塞在《嘉麗妹妹》中寫道：「只要你對人生還抱著希望，你的幸福就有實現的一天。」

希望是支撐一個人活下去的支柱，信心是追求幸福的動力，「活在當下」則是迎向美好未來的樂觀積極心態。

每天告訴自己，你是獨一無二的，告訴自己，你就是第一。

每個人都有屬於自己的獨特才能，只要你相信自己，建立自己的信心，世界就會追隨在你的身後。

美國著名的推銷大王吉拉德，很小的時候就隨父母從義大利搬到了美國，在底特律的貧民區度過了悲慘的童年，生活中的痛苦和自卑，一直是他走不出來的傷痕。

每天必須為生活奔波勞碌的父親，總是告訴他：「認命吧，你是註定得一事無成了。」這種宿命的說法令他十分沮喪，常常想著自己暗淡無光的前程，而苦悶悲傷不已。

但是有一天，他的母親卻這樣告訴他：「世界上沒有誰跟你一樣，孩子，你是獨一無二的。」

　　從此以後，他重燃起了新希望，開始認定自己就是第一，沒有任何人可以比得上自己。

　　建立起自信的他，也奠定了成功的基礎。

　　他第一次去面試時，這家公司的秘書跟他要名片，他不慌不忙地遞上一張黑桃 A，這個怪異的舉動讓他得到立即面試的機會。

　　面試時，經理疑惑地問他：「你是黑桃 A？」

　　「是的。」他信心十足地回答說。

　　「為什麼是黑桃 A，不是別的？」

　　「因為 A 代表第一，而我剛好就是第一。」

　　就這樣，他被錄取了。想知道後來的吉拉德嗎？

　　他真的成了世界第一的推銷員，業績是年銷量一千四百二十五輛車，創造了輝煌的紀錄，不簡單吧！

　　這是因為，吉拉德每天睡前都會不斷地對自己說：「我是第一。」這樣的自我暗示，更加堅定了他的信心和勇氣，日積月累之後，他的自然得到了有力的潛移效果。

　　如何，要不要學學吉拉德的自我激勵方法？就從現在開始，每天多給自己一點激勵吧！

　　法國知名的思想家蒙田曾在《隨筆》裡如此寫道：「我不在乎我在別人的心目中是如何，而是更重視在我自己的心目中如何；我要靠自己而富足，不是靠求助於人。」

　　不管別人怎麼看你，不管別人怎麼說你，最重要的是，你就是你，像手上的指紋，全世界不會有人是一模一樣的情況相同，你就是那樣的獨一無二。記住，一個連自己都不相信的人，就別指望別人相信，再多人的鼓舞，怎麼也比不上你給自己的掌聲。

謙虛，不是為了否定自己

謙虛不是要我們一味地否定自己，受到稱
讚時，不妨大方表現出愉悅的心情。相信
我，你會得到更多讚美的！

人若要肯定自己，就要先接納自己，先容許自己不完美。畢
竟，世界上還真沒有一件事物是完美的。

父母親的信任和肯定，可以培養孩子對自己的信心。孩子因
為愛而感覺幸福，因為幸福而覺得自己可愛。

只可惜我們的教育向來喜歡教人謙遜，卻忽略了培養他們肯
定自己的信心，因此，大多數人總是對自己感到不滿意。

有一個老師告訴我這樣一個故事。

她設計了一道家庭作業，要求每位學生都寫一篇周記，談談
自己的優點。一個禮拜之後，全班五十二個人中只有十幾個人交
了作業，老師發現，即使在班上表現得十分優異的學生，在談論
自己優點時大都只有寥寥幾筆，而說到自己的缺點和不足之處卻
都寫得洋洋灑灑。

老師只好把周記發還給學生，再次強調只要寫自己的優點。
不過，遺憾的是，交上來的周記還是「缺點」多於「優點」，甚
至有一半以上的學生覺得自己根本沒有優點。

於是，老師只好在課堂上問同學們：「你們覺得自己可愛嗎？如果覺得自己可愛的，請舉手。」

全班同學面面相覷，議論紛紛，場面十分尷尬。有人嫌自己長得不夠好看，有人說自己成績不好，還有許多人疑惑地說：「從來沒有人說過我可愛，我真的可愛嗎？」

這時，有一個臉上有一大塊血紅胎記的小女孩終於舉起了手。

台下一陣竊竊私語，老師也頗感意外。小女孩說：「我媽媽經常說我是世界上最可愛的人，而且我是我們家最寶貝的寶貝。」

老師感慨不已，班上有那麼多品學兼優、容貌出眾的同學不能肯定自己，而一個臉上有缺陷的人卻覺得自己很可愛。因為自信，使得她能夠勇敢接受自己、喜歡自己，因而覺得自己可愛。

日常生活中，我們最常犯的錯誤，就是一味否定自己，專在自己身上找些無關緊要的缺點來增添自己的困擾，耗費寶貴的時間和精力，久而久之，不但活在苦惱之中，也使得自己變成一個越來越缺乏自信的人。

有沒有觀察過當受到別人讚賞時，你是什麼表情？是忙著揮手說：「哪裡哪裡」，還是大方肯定地說聲「謝謝」？

其實，你可以欣然接受，也可以禮尚往來，反過來也讚美對方幾句。

提倡謙虛不是要我們一味地否定自己，受到稱讚時，不妨大方表現出愉悅的心情。相信我，你會得到更多讚美的！

隨時設法激發自己的潛力

平時就要設法激發自己的潛能，不要等到
有人用槍指著你時才拚命，因為你不能確
定他是要救你，還是真的想幹掉你！

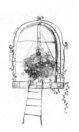

潛力是一個人隱藏於內在的能力，換句話說，也就是尚未表
現出來的能力。

既然還沒有表現出來，我們又怎麼知道它是真實存在呢？

事實上，透過許多危急場面，我們可以清楚知道，人的潛力
是相當驚人的，只是平時我們忘了它的存在罷了！

不要等待伯樂，能夠激發你潛力的，只有你自己。

一隊士兵行走在叢林之中，由於天色非常昏暗，幾乎看不清
楚前方的道路，一個士兵因此不小心跌落到急流裡去了。

士兵拚命在水中掙扎，結果卻只是徒勞無功，因為這區的水
流實在太湍急了。

岸上的其他士兵面對突如其來的狀況絞盡腦汁，使用各式各
樣的方法，都無法及時搶救他們的同伴。

這隊泳技都不怎麼高明的士兵們，只好眼睜睜地看著同伴被
激流越沖越遠。

慌亂中，領導部隊的軍官像是想到了什麼似的，連忙問其他

的士兵：「他會游泳嗎？」

　　一位士兵回答：「我想會吧！他剛才還在急流裡大喊大叫的，不過，這會兒他可能沒有體力了。」

　　不料，軍官聽了，卻舉起自己的步槍來，對著溺水士兵的左方開了兩槍，一邊開槍一邊在岸上嚷嚷：「你這個臭小子，想當逃兵啊！我限你在三分鐘之內游回來，不然我就用槍打死你！」

　　吼著吼著，軍官又用槍朝水中士兵的右方補了兩槍。槍彈無眼，發出嚇人的聲響，並且在水中激起很大的水花。

　　過了一會兒，只見這位溺水的士兵，在軍官的叫喝聲和槍彈的猛烈攻擊中，使盡全身的力氣奮力朝河岸游回來，好不容易終於游上了岸。

　　臉色蒼白的士兵才剛上岸，就筋疲力盡地癱倒在地了。等到他恢復力氣之後，疑惑地問軍官：「長官，剛才我都已經快要淹死了，你為什麼還要落井下石，開槍打我呢？」

　　軍官回瞪他一眼，沒好氣地說：「我不用槍把你的膽子嚇出來，你不是早就死在水裡了？」

　　人的潛能，總是在最緊要關頭才會被激發出來。這樣的習慣或許能救你一命，但卻不一定能保住你的飯碗！

　　美國奇異公司曾經有這樣的例子。

　　一位經理因為表現優異被擢升為副總經理，但是上任二個多月之後便被撤換下來了。這個老兄很生氣地去找總裁理論，總裁淡淡地告訴他：「你的表現確實和你當經理時一樣賣力，但別忘了你是副總經理。」

　　你有沒有想過，為什麼處於同一個競技場、站上同樣的起跑

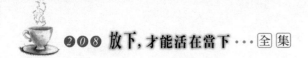

點，有些人卻能跑得比其他人更快、更遠，職位不斷提升？是什麼「神秘力量」幫助他們在人生戰場取得一次又一次勝利？

答案就在於他們會隨著環境變化，不斷激發自己的潛力，不斷創造出別人難以企及的競爭力。

美國作家巴斯卡·里雅在《愛和生活》裡說道：「人的潛能是無窮的，人的發展也是沒有止境的，每一個人天生都是偉大的創造者。」

善用你的潛能，讓它發揮更澎湃的創造力量！

平時就要設法激發自己的潛能，不要等到有人用槍指著你時才拚命，因為你不能確定他是要救你，還是真的想幹掉你！

正確的態度總是成功關鍵

有時候，改變自己的心態，會比聽信任何
至理名言都更加有效，從現在開始，停止
無謂的抱怨吧！

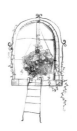

有個笑話說，有天小華學華盛頓，砍掉櫻院子裡的桃樹，沒
想到最後卻遭到爸爸一頓毒打。

小華不甘心地問爸爸：「華盛頓砍掉他爸爸心愛的櫻桃樹，
不但沒被責罵，反而被誇為誠實，為什麼你卻大發雷霆？」

爸爸回答：「那是因為華盛頓砍樹時，他爸爸不在樹上。」

就像這個笑話一樣，我們經常見到，同樣一件事，做的人不
同，結果也就不同，難道這真的是命運嗎？

其實，並非如此，而是心態左右著我們的成敗。

這是上帝寫給一位年輕人的信：

你年輕聰明，而且胸懷大志，因為不想庸庸碌碌過一生，所
以渴望擁有名聲、財富、愛情和權力。

你經常在我耳邊抱怨：那個有名的牛頓蘋果為什麼不掉在你頭
上？那個藏著「老子珠」的巨大貝殼怎麼就產在巴拉圭，而不是埋
藏在你常去游泳的海邊？連一百五十五公分的拿破崙都能碰上約瑟
芬了，而高大俊俏、玉樹臨風的你，為什麼總是沒有人垂青？

聽了你這麼多抱怨，我被煩得不成全你也不行，所以，我先掉下一個蘋果給你，結果你卻把它吃了。

我決定換一種方法，在你上街閒逛時，將一顆閃亮耀眼的卡里南鑽石偷偷放在你腳邊，把你絆倒，原以為可以給你一個驚喜，沒想到你卻在爬起來之後，怒氣衝天地把它一腳踢下陰溝。

最後，我乾脆直接讓你當拿破崙，不過，就像我對待他一樣，我先把你抓進監獄，撤掉你的將軍官職，再把你狠狠地趕出軍隊，然後將身無分文的你遺棄在塞納河邊。

就在我催促著約瑟芬駕馬車匆匆趕到河邊與你相會之時，遠遠就聽到「撲通」一聲，你已經投河自盡了。

唉！你錯過的難道僅僅只是機會嗎？

一位哲學家曾經諷刺地說：「有時候，你以為天要塌下來了，其實只是因為你站歪了！」

的確，我們總是在抱怨上天，忽略了所謂命運是自己造成的；很多時候，並不是上天不給你機會，而是你不知道把握機會。

悲觀的思想，自然產生消極的態度；樂觀的思想，自然產生積極的態度。

積極的態度，使人在面對困境時，抱著猶有可為的態度，即使遭遇到挫折，也會變得更堅強。

但丁在《神曲》裡寫過這麼一句鼓舞我們的話語：「在生命之舟的航路裡，每個人都應當用帆用槳，努力推進他的小船。」

人的命運也許多舛，但是成功者的態度卻始終是不變的。

有時候，改變自己的心態，會比聽信任何至理名言都更加有效，從現在開始，停止無的抱怨吧！

塑造自己成功的性格

成功的人面對人生的態度，不會因為眼前
的榮辱窮達而有所改變，所以他們終究能
創造出自己想要的成就和財富。

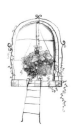

英國知名的傳記作家鮑斯威爾在《約翰遜傳》裡，曾經這麼寫道：「貧窮是人類幸福的大敵，它破壞了自由，使某些美德無法奉行，使另一些美德奉行起來極為困難。」

性格會決定一個人貧窮或富有，一個人生下來時有多少財富，當然是上天註定的，但是一個人死時能留下多少財富，則是他的性格使然。

美國石油大王保羅・蓋帝在他的自傳中，提出一個非常有趣，而且值得我們警惕的概念。

保羅・蓋帝指出，如果將目前全世界所有的現金、產業、資本……等等全部混合在一起，然後平均分給地球上的每一個人，讓所有人擁有的財富變得一樣多，雖然大家的起跑線都相同，但是，不久之後，人們的經濟狀況仍然會有相當不同的發展。

有的人會在很短的時間內，喪失他所分到的那一份，可能是因為豪賭而輸得一乾二淨，也有可能是因為受到欺騙、詐財而迅速破產。於是，財富又開始重新分配了，某些人的錢會變少，另

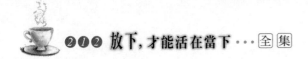

外有些人的錢則會變多。

保羅‧蓋帝指出，類似這樣的情形會隨著時間的拉長，差別變得更大。或許，經過短短三個月之後，貧富懸殊的情況將會再度產生，而且是在不知不覺中形成的。

保羅‧蓋帝強調：「我敢說，即使把全世界的財富平均分配，過了一、兩年之後，全球財富的分配情況，還是會和沒有均分之前一模一樣。有錢的始終是那些人，而貧困的人，依然不會有什麼轉變。」

為什麼他會這麼說呢？

因為，絕大多數貧窮的人都充滿惰性。

人只要肯努力，一塊錢也可以變成無限大；人若是不努力，即使坐擁千萬億財富，也只會坐吃山空。

成功不在於擁有多少本錢，而在於是否掌握了正確的人生觀和致勝的關鍵。

成功不是結果，更像是努力和能力的展現，當你擁有了成功的基本元素，就算你一無所有，你也可以從無到有。

成功的人面對人生的態度，不會因為眼前的榮辱窮達而有所改變，所以他們終究能創造出自己想要的成就和財富。

先救自己，別人才有機會救你

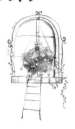

當你遇到未能預知的命運風暴時，除了祈求
上天的垂憐，也請不要忘記正確的人生態
度——先拯救自己，別人才有機拯救你。

古羅馬思想家普拉圖斯曾說：「智者是自己命運的創造者，
誰想改變命運，就得積極行動，否則將一事無成。」

如果只是一味祈求上蒼保佑，自己卻沒有一點作為，上帝又
怎麼能找到機會來幫助你呢？

有一群登山者準備征服海拔六千公尺的高山，沒想到天公不
作美，才剛上山，就遇上風起雲湧、天候不佳的意外。他們只好
組成小隊，紮營在海拔二千公尺的山腳下，等待天氣好轉。

這群登山者經驗老到，其中不乏某些體魄健壯的專業登山員，
相當擅長觀星探月。

天色終於放晴了，微風煦煦吹來，隊員們開始行動起來，由
經驗豐富的隊員率領出發了。

在登山者的眼中，高山有種馴服般的寧靜，峰頂的冰川在陽
光的照射下閃耀著迷人的光輝，像在招手一般。

每個登山者都浸淫在攀登的樂趣中，他們用對講機和基地台
保持聯繫，不時和遙遠的家人通話，向朋友們敘述他們在高山上

所見的美景。

正當他們慢慢接近主峰時，災難悄悄降臨了。

剎那間，烏雲翻騰、狂風肆虐，氣溫驟然下降，這是他們始料未及的。幾個經驗豐富的登山員知道情況不妙，要求大家盡速往回走。

只是，眼看著天色就要黑了，他們根本走不了多遠，只能等著營救人員前來。狂風趁機伸出它的魔爪，猶如決堤之水，怒吼而來，許多隊員的衣服被風撕破，皮膚也乾裂破損了⋯⋯

禍不單行的是，有位隊員的右腿不小心被落下的石頭擊中，現場一片鮮血淋漓、血肉模糊，不時傳來傷者痛苦的呻吟聲。隨著風越吹越大，天氣也越來越冷，受傷者的血壓急速下降，熱血一旦流出體內，很快就結成冰，他幾乎已經失去了意識。

一位隊員說：「這樣下去不行，趁著現在天色尚未完全變黑，我背他下山去，或許還有救。」

「你這麼做簡直是去找死，還是再等一等吧！救難人員會馬上趕來的。」

他不理會眾人的阻攔，毅然決然地背起傷者努力朝山下走去。

夜幕低垂，山上下起了暴風雪，救難人員根本無法上山。

第二天，救難人員發現在原地等待救援的人們緊緊摟在一起，可是卻都已經僵硬了。

不久，他們又在海拔四千公尺的地方，發現傷者和背著他的人，兩個人竟然還好端端地活著。

救難人員覺得不可思議地說，在這種天氣下還能存活簡直是個奇蹟。他們分析原因後斷定，他們兩人之所以能夠活著，是因為他們整個晚上都沒有停止過劇烈的運動。

英國作家赫茲里特曾經寫道:「那些埋怨生命短促的人,情願眼睜睜地讓黃金般的時間一分分流逝,卻不懈伸手抓住並充分利用它們。」

所有的機會都是爭取而來,不能整天期待它憑空而降。每個決定之所以能完成,只是因為你當下就付諸行動,放棄了讓自己反悔的機會。

人生際遇難料,當你遇到未能預知的命運風暴時,除了祈求上天的垂憐,也請不要忘記正確的人生態度——先拯救自己,別人才有機拯救你。

放下「不可能」，就有無限可能

如果你的生活充滿愁苦，那就為自己編織
幾個夢想；如果你的生活滿是煩惱，那就
為自己設定一些積極的目標。

印度詩人泰戈爾在《戈拉》一書中，曾經寫下這樣的詩句：
「不要朝後看，不要猶豫，不管等待著你的是什麼樣的命運，都
要勇敢地去迎接它，歡欣鼓舞地朝前方邁進。」

前方那座山看起來很高很大，你見到了，也許一開始就退縮，
認為自己永遠也爬不上去。

但是，它真的無法征服嗎？攀爬過的人會告訴你，其實那沒
有什麼，你該做的，只是一步一步勇敢向前走而已。

放下「不可能」，就有無限可能。

二〇〇一年五月二十日，美國有一位名字叫做喬治·赫伯特
的推銷員，成功地將一把斧頭推銷給了小布希總統。

布魯金斯學會得知這一消息後，隨即把上面刻有「最偉大推
銷員」的一只金靴子頒給了喬治·赫伯特。

這是自一九七五年以來，該學會一名學員成功把一台微型錄
音機賣給尼克森總統之後，又一名學員跨越這個最高的門檻。

布魯金斯學會以培養世界上最優秀的推銷員聞名於世。它會

在每一期學員畢業時，設計一道最能體現推銷員能力的測驗題，讓學生想盡辦法完成，能夠完成的人，日後幾乎都成爲出類拔萃的推銷員。

在前總統柯林頓當政期間，他們出了這麼一道題目：請把一條內褲推銷給現任總統。整整八年的時間裡，無數學員爲了這道難題絞盡腦汁，可是最後都不得其門而入。

二○○一年，柯林頓卸任以後，布魯金斯學會把題目換成：請將一把斧頭推銷給小布希總統。

有鑑於前八年的失敗與警惕，很多學員一開始就知難而退。

把內褲賣給總統勉強還說得過去，因爲總統至少穿得到內褲，但是要把斧頭賣給總統，根本是一項不可能的任務。總統要斧頭幹什麼，難道會蠢到學華盛頓砍櫻桃樹嗎？

就在所有人都裹足不前時，喬治‧赫伯特卻完成了這項不可能的任務，而且沒有花費多少功夫。

接受記者採訪時，他說：「我認爲，將一把斧頭推銷給小布希總統並沒有多大的困難，因爲布希總統在德克薩斯州有一座農場，裡面長著許多樹。所以，我寫了一封信給總統，大意是說：我有幸曾經參觀過您的農場，發現裡面長了許多矢菊樹，其中有一些已經死掉，這是因爲木質已變得鬆軟的緣故。因此我想，您一定需要一把小斧頭，但是從您現在的身體狀況看來，新型的小斧頭顯然太輕，一把不甚鋒利的老斧頭應該比較符合您的需要。現在，我這兒正好有一把這樣的斧頭，很適合用來砍伐枯樹。如果您有興趣的話，請用我爲您準備好的回郵信封，給予回覆……然後，布希總統就給我匯來了十五美元。」

布魯金斯學會在表彰喬治‧赫伯特時表示，金靴子獎已經閒置了二十六年，在這二十六年間，布魯金斯學會培養了數以萬計的

推銷員，也造就了數以百計的百萬富翁，但是他們之所以沒有得到這只金靴子，是因爲布魯金斯學院一直想尋找這麼一個人──一個不會因爲旁人說目標難以達成而輕易放棄的人，一個不會因爲事情困難重重而失去自信的人。

曾經看過一部電影，在一次討論會上，男主角在眾人面前堅定地表示，他要製造原子彈。一個資深專家聽了，立即出聲說那是不可能的。

只見男主角聽了，緩緩地回答道：「對一個物理學家來說，說不可能是件可恥的事。」

同樣的，最優秀的推銷員不應該只是把產品賣給上門來的顧客，或是介紹給老顧客，更要把產品賣給那些看起來「不可能買」的人，這才符合「推銷」的宗旨，不是嗎？

只要勇敢踏出第一步，你會發現事情並沒有你想像那麼難。「不可能」這三個字，還是留給那些不敢嘗試的人來說吧！對一個想成功的人來說，說不可能是可恥的。

放下所謂的「不可能」！如果你的生活充滿愁苦，那就爲自己編織幾個夢想；如果你的生活滿是煩惱，那就爲自己設定一些積極的目標。

發脾氣不能解決問題

下次發脾氣之前，請先想一想，這麼做是真的可以解決問題，抑或只是證明了你是個毛躁的人？

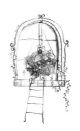

法國作家阿藍在《論幸福》曾經寫道：「如果人群裡有人衝撞了你，你應該用微笑來回他，因為笑能化解衝撞，由於這一笑，你可能免於發一通怒火，而發怒等於生一場小病。」

只要是人，都會有情緒，也難免有脾氣。但是，發洩情緒的同時，也請先想一想：這麼做，真的有必要嗎？

有個男孩脾氣向來很壞，父親屢勸無效，於是想出了一個辦法，希望幫助兒子改掉壞脾氣。父親交給兒子一袋釘子，告訴他，每當他想發脾氣時，就把一根釘子釘在後院的圍籬上。

第一天，男孩心情不好，釘下了三十四根釘子。第二天，男孩又為了一點小事發脾氣，釘下了二十九根釘子，漸漸地，男孩每天釘下的釘子數量減少了。他發現釘釘子不是一件容易的事，控制自己的脾氣反倒要比釘下那些釘子來得容易。

不知道是「釘子策略」奏效，還是男孩長大懂事了，終於有一天，男孩再也不會失去耐性而亂發脾氣。他把這個好消息告訴父親，父親對他說，這是一個好現象，從現在開始，只要他感覺

能夠控制自己脾氣時，就可以把一根釘子拔出來。

日子一天一天過去了，終於有一天，男孩告訴他的父親，他已經把全部的釘子都拔出來了。

這時，父親拉著他的手來到後院，指著竹籬笆重重地歎了口氣，說：「孩子，你做得很好，但是看看這些圍籬上面的洞，這個圍籬再也不能回復成從前的樣子了！你生氣時所說的話，就像這些釘子一樣，會在對方的心裡留下永恆的傷口。如同你拿刀子去捅別人一般，無論你如何真心悔過，說了多少次對不起，那個傷口都已經造成了，不是嗎？」

有一個人在公車上遇到一個帶著狗的婦人，不巧的是，這位婦人和她的狗各佔了一個座位，而公車上已經沒有其他的空位了。這個人因為非常疲倦，所以開口對那位婦人說：「可不可以把妳的狗的座位讓給我？」

婦人充耳不聞，這個人開始有點不高興了，但還是忍住性子再問了一遍：「可不可以把妳的狗的座位讓給我？」

這一回，這個婦人沒禮貌地拚命搖頭。

這個人看了，非常生氣，一伸手便把那隻狗扔到窗戶外面去。

此時，旁邊的人說道：「不對的是那個女人，不是那隻狗。」

我們不是也常犯了像這個扔狗人一樣的錯誤嗎？

生氣並沒有錯，但是找錯了對象、找錯了時機生氣，就是你的錯。如此一來，事情非但沒有解決，反而還殃及無辜。

下次發脾氣之前，請先想一想，這麼做是真的可以解決問題，抑或只是證明了你是個毛躁的人？

先學殺豬，再學屠龍

要會「屠龍」必先學「殺豬」，如果孩子連最基本的生活能力都不足了，又怎麼能爬上雲端去屠龍呢？

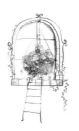

一位哲人曾經有感而發地說：「我們懂得做事，卻不懂得怎麼做人；我們品味生活，卻忘了如何生存。」

他的這番話，確確實實地印證在新世代人身上。

我們經常聽到大人們討論如何教育孩子，但是，大家關心的，卻只是如何讓孩子學到更多知識，如何有更好成績，如何有更好的前途，卻忽略孩子最重要的求生能力。

台北有一位十二歲的女孩在家裡不小心被菜刀劃破手指，眼看著鮮血流出，她不知道如何是好，只好驚惶失措地跑到陽台上，大聲呼喊救命。

鄰居聞聲趕來，見到此情此景，簡直哭笑不得。

一個同樣十二歲的男孩，住在美國紐約郊區的一個農場裡，在工作時意外被機器軋斷了雙臂。

附近沒有人煙，他強忍著身體的劇痛，跑到四百公尺外的公用電話亭，用腳踢開玻璃門，又用牙齒咬著鉛筆按下電話號碼，求救之後才不支倒地。

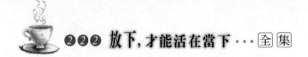

醫護人員趕過來救援時，他被弄醒了，他不忘提醒醫護人員：「別忘了帶上我折斷的手臂。」

同樣是孩子，但生存的能力相差卻如此懸殊，是什麼原因造成的呢？

人天生是有求生本能的，它們埋藏在潛意識裡，需要靠經驗的累積去開拓挖掘。

如果後天不加以教育和啟發，孩子就會像生存在溫室裡的花朵，再也禁不起戶外陽光的直射和風雨侵襲的考驗，而有誰能預料得到，這座溫室什麼時候會倒塌？

現代教育被人稱爲「屠龍教育」。

「屠龍」何等之難，於是許多父母拚命把孩子往才藝班、補習班送，希望日後孩子可以十八般武藝樣樣齊全，成爲一等一的「屠龍大俠」。

殊不知要會「屠龍」必先學「殺豬」，畢竟，現實生活中，我們遇到豬的機會比見到龍要大得多的！

如果孩子連最基本的生活能力都不足了，又怎麼能爬上雲端去屠龍呢？

父母的溺愛，往往會窒息孩子們的生存智慧，但遺憾的是，父母經常等發現到這一點，卻已經後悔莫及了。

PART 10

立志當珍珠，
不要當沙子

作家Ａ‧芭芭耶娃在《人和命運》裡說：

「不必誇耀自己擁有什麼才能，

關於這一點，別人要比我們看得清楚。」

當自己命運的建築師

俄國作家奧斯特洛夫斯基曾說：「假如你有那麼一秒鐘的退縮，失去了對勝利、前進的信心，那麼勝利就會從你手中溜掉。」

弱者把希望寄託於他人，強者把希望寄託在自己身上。

人應該培養對自己的信心，只畏建立信心，就能克服眼前的障礙和困難，當自己命運的建築師。

美國著名的小說家普拉格曼，某次長篇小說得獎，在頒獎典禮上，有位記者問他：「你認為生命中讓你成功的關鍵轉折點，是在什麼時候？」

這時，他對著記者說了自己的一段親身經歷。

二次大戰中，他還沒讀完高中就到海軍服役。一九四四年八月，在一次海上戰鬥中他身負重傷，雙腿無法站立。為了保住他的生命，艦長緊急派了一個海軍下士開著小船，冒著危險將他送到戰地醫院。

誰知，在黑暗的大海中，小船漂流了四個多小時，還很不幸地迷失了方向，此外，周遭隆隆的砲火聲音，也使這名掌舵的海軍下士害怕得失去了信心，準備拔槍自殺。

然而，傷勢嚴重的普拉格曼卻很鎮定地勸他：「別開槍，我

有一種預感，你對自己要有信心和耐心，千萬不要絕望、慌亂，我們一定會找到方向的。」

話剛剛說完，突然對敵軍發射的高射砲在天空爆炸，照亮了海域，而他們也發現，小舟已經離戰地醫院的碼頭不遠了。

普拉格曼說，這個極具戲劇性的經歷，在自己的心中烙下相當深刻的印記。從此以後，他堅信，即使面對失敗也要有耐心，絕不失望、驚慌，因為在最後時刻一定會有轉機，一定會出現勝利的曙光。

俄國作家奧斯特洛夫斯基曾說：「假如你有那麼一秒鐘的退縮，失去了對勝利、前進的信心，那麼勝利就會從你手中溜掉。」

怎麼讓危機變轉機，如何從逆境走向順境呢？

我們都知道要找方法解決，也知道要培養能力去改變，但在解決和改變前面，有一個大前題是：「不要放棄！」

人只要對自己充滿信心，就不會輕言放棄。

只要沒有放棄，機會就仍然在你的手上；只要不放棄，成功的方向一定會讓你找到。

靠著意志的培養和毅力的鍛鍊，把你的自信心好好培養起來，即使面臨再困苦的危難，都會有轉機出現。

勇氣會讓你逢凶化吉

英國桂冠詩人華茲華斯說：「堅韌是成功的一大因素。只要在門上敲得夠久、夠大聲，一定可以把裡頭的人叫醒。」

科學家赫胥黎曾說：「一個人的失敗，不是受到外在環境的影響，而是受自己的習慣和思想的恐嚇。」

想判斷一個人會不會有所成就，端看他如何面對逆境，因為遭逢逆境時，最大障礙並非眼前的苦難，而是自己的想法。

逆境是通往成功的唯一道路，也是鍛鍊意志的最高學府。

鋼鐵之所以堅硬，是因為它在烈火裡燃燒，在冰水裡冷卻。人生也是如此，唯有遭遇過超越常人的苦難，才能獲得超越常人的成功。

一八六四年九月三日，瑞典首都斯德哥爾摩近郊的一家工廠，突然傳出一連串震耳欲聾的爆炸巨響，頓時濃煙佈滿天空，火舌不斷竄燒，短短幾分鐘時間，化學家諾貝爾前半生的心血全部化為灰燼。

消防隊和當地民眾趕到出事現場時，只見原來的工廠已經蕩然無存，無情的大火吞沒了一切。

諾貝爾呆楞地站在火場旁邊，這場突如其來的災禍，把他嚇

得面無人色，全身不住地顫抖著。

消防隊從瓦礫中找出了五具屍體，其中一個是他正在大學讀書的小弟，另外四個人則是和他情同手足的助手。

諾貝爾的母親得知小兒子慘死的噩耗，不禁悲痛欲絕，而他的父親因為受到刺激而中風，從此半身癱瘓。

然而，遭遇這麼巨大的痛苦和失敗，並沒有讓諾貝爾放棄研發工作。

悲劇發生後，警察立即封鎖了出事現場，並嚴禁諾貝爾恢復工廠，當地民眾也像躲避瘟神一樣避開他，也沒有人願意再出租土地讓他進行高危險性的實驗。但是，這一連串挫敗和打擊，並沒有讓諾貝爾退縮。

幾天之後，有人發現離市區很遠的馬拉崙湖上，出現了一艘巨大的平底駁船，船上擺滿了各種實驗設備，有個人正全神貫注地進行一項神秘的試驗。

他就是在大爆炸後，被當地居民趕走的諾貝爾！

因為勇氣，諾貝爾多次逢凶化吉，經過多次充滿危險的實驗，諾貝爾沒有和他的駁船一起葬身魚腹，反而發明了雷管，這是爆炸學上的一項重大突破。

接著，他又在德國漢堡等地建立了炸藥公司。

一時之間，諾貝爾生產的炸藥成了搶手貨，源源不斷的訂貨單從世界各地傳來，他的財富也與日俱增。

儘管獲得成功的諾貝爾並沒有擺脫挫折，但是，接踵而至的災難和困境，並沒有讓他嚇倒，更沒有一蹶不振。毅力和恆心，使他堅忍不拔，把挫折踩在腳下，也贏得了成功。

　　他一生當中，總共獲得了三百五十五個發明權的專利，還用自己的財富創立了諾貝爾獎，這些獎項至今仍被國際視爲一種至高無上的榮譽。

　　英國桂冠詩人華茲華斯說：「堅韌是成功的一大因素。只要在門上敲得夠久、夠大聲，一定可以把裡頭的人叫醒。」

　　從諾貝爾獲得成功的過程中，反省一下自己曾經遇上的困難，是不是根本就微不足道？

　　諾貝爾堅忍不拔的勇氣，有沒有讓你面對困難更加充滿信心？

　　想實現目標，你必需要有越挫越勇的能量，能跌倒了再站起來，這些是成功的過程中不可缺少的必備條件！

立志當珍珠，不要當沙子

作家Ａ‧芭芭耶娃在《人和命運》裡說：「不必誇耀自己擁有什麼才能，關於這一點，別人要比我們看得清楚。」

作家普卜利烏斯說：「消除苦惱的最好辦法就是接受它。」

只要我們願意接受事實，現實生活中許多失意挫折都有辦法克服，最怕的是缺乏面對自己的勇氣。

不要只會抱怨別人，也不要只知埋怨環境不公，人生的機會其實很多，但只給肯腳踏實地的人。

有個年輕人在學校的課業成績很好，但是畢業後卻屢屢碰壁，一直找不到理想的工作。他總是抱怨自己懷才不遇，對社會感到非常失望，抱怨政府無能，責怪老闆現實，感慨世間竟然沒有伯樂來賞識他這匹「千里馬」，對大環境既傷心又絕望。

有一天，這個年輕人懷著痛苦的心情來到海邊，打算就此結束自己的生命，當他走入海裡即將被海水淹沒的時候，一個老漁夫把他救了起來。

老人問他為什麼要走上絕路。

年輕人忿忿不平地說：「我得不到別人和社會的肯定，沒有人能欣賞我，覺得活在這樣的世間根本就沒有意義！」

這時，老漁夫從腳下撿起了一粒沙子，讓年輕人仔細看了一會兒，然後隨手扔到地上，對他說：「請你把剛才扔在地上的那粒沙子撿起來吧！」

「這哪有可能！」年輕人瞪大了眼，低頭看了一下說。

老漁夫聽了沒有回應，從口袋裡拿出一顆白皙明亮的珍珠，一樣隨便扔到了沙灘上，然後對年輕人說：「你能把這顆珍珠撿起來嗎？」

「當然能！」年輕人以為老漁夫是在跟他開玩笑。

這時，老漁夫認真地說：「你明白問題所在了吧？現在的你，還不是一顆光彩耀人的珍珠，當然不能期望別人馬上肯定你。想讓別人看見你的能力和實力，你就要想辦法讓自己成為一顆珍珠才行。」

年輕人點了點頭，若有所思的低頭不語。

你還在責罵全世界的不公嗎？

不如先反省自己吧！

作家A・芭芭耶娃在《人和命運》裡說：「不必誇耀自己擁有什麼才能，關於這一點，別人要比我們看得清楚。」

任何一個人，一開始都必須知道自己只是顆普通的沙粒，而不是價值連城的珍珠，想要出人頭地，就必須累積自己的資本和能力才行。

想要讓自己像珍珠一樣，就得不斷提高自己的能力和價值，認真紮實地累積，當你成為一顆渾圓又光亮的珍珠，就算你身藏再深的海底，也一定有人會潛到深海將你尋找出來。

任何夢想花園都得靠你親手打造

法國文豪雨果曾說：「我寧願靠自己的力
量，打開我的前途，而不願乞求有力者的
垂青。」

　　作家哥爾斯密曾經如此寫道：「不論在哪裡，不論你是誰，
自己的幸福要靠自己去創造、去尋覓。」

　　不要老是羨慕嫉妒別人，也不要一味模仿別人，只有那些能
夠腳踏實地打造自己夢想花園的人，才是最幸福的人。

　　別再浪費時間了，不如把等待和觀望羨慕的時間拿來行動，
你也會有屬於自己的美麗天堂。

　　某一年的夏天，有六個高中生前去拜訪費城當地以博學著稱
的康惠爾牧師，向他提出請求：「牧師先生，您肯教我們讀書嗎？
因為，我們沒有錢上大學唸書，現在中學要畢業了，我們都非常
想再繼續深造學習，不知道您願不願意指導我們？」

　　康惠爾答應了這六個貧家子弟的請求，事後他突然想到：「一
定還有許多年輕人和這六位學生一樣，想學習知識，但又付不起
學費上大學，我應該為這些窮困的年輕人辦一所大學。」

　　於是，他為了籌建大學開始進行募捐。

　　當時，建一所大學大概要花一百五十萬美元。康惠爾四處奔

走，忙著在費城各地演講，這樣努力奔波了五年，豈知竟然還湊不足一千美元。

康惠爾感到非常難過，有一天心情低落地來到了另一間教堂，正想著下星期要準備的演講稿時，低頭發現教堂周圍的草長得枯黃雜亂，便問園丁：「為什麼這裡的草，長得不像別間教堂那樣青綠呢？」

園丁抬起頭，不以為然地看著牧師說：「你認為眼中這地方的草長得不好嗎？那是因為你把這些草和其他地方的草做了比較的緣故。我們總是看到別人美麗的草地，希望別人的草地就是我們的，卻很少認真整理自己的草地。」

沒想到園丁不經意的一段話，頓時令康惠爾恍然大悟，隨即跑到教堂裡開始流暢地撰寫演講稿。

在演講稿中他這樣寫著：「我們總是讓時間在等待和觀望中白白流逝，自己卻忘了可以親自動手，讓事情朝著我們所期望的方向發展。」

不久之後，康惠爾牧師終於完成願望，創立了一所嘉惠窮人的大學。

仔細想想，我們不也經常和故事中的康惠爾牧師犯下同樣的錯誤？近在到眼前的，往往輕易放過，遠在天邊的，卻又苦苦哀求；擁有時感到平淡無味，失去時方才覺得可貴；因此，才會讓原本可以唾手可得的幸福生活，和自己擦身而過。

人生有夢，築夢踏實。放下那些不切實際的幻想，任何夢想花園都得靠自己親手打造。

法國文豪雨果曾說：「我寧願靠自己的力量，打開我的前途，

而不願乞求有力者的垂青。」

　　一般人總是習慣看著別人的非凡成就而羨慕不已，卻不肯親自耕耘屬於自己的美麗花園。

　　對康惠爾牧師來說，當他努力為費城的貧困子弟四處奔跑時，大部份的人只肯給予同情的眼神，卻不肯付出幫助。

　　牧師發現不同地方的草地經營，發現人們只會羨慕的慣性，於是，他把「自己的夢想要自己實現」的觀念傳遞出來，希望能讓所有人知道，只要願意，任何夢想都能實現。

　　當我們羨慕別人用手整理出美麗花園，何不也親自動手整理一片屬於自己的美麗花園？

信心就是希望的火種

德國作家亨利希·曼說：「信心是希望的火種，往往在你摸索的黑夜裡，照亮前程的路。」

面對逆境或險境，你總是是慌張地亂了陣腳，還是沉著應對？

不要把緊張和恐懼在最危險的時候表現出來，因為，那只會讓對手更有把握對付你而已。

斯蒂克在第二次世界大戰時被徵召入伍，在聯軍登陸諾曼第之後，他就被送到歐洲戰場上，參加抗德戰爭。

他在前線歷經六個月的戰爭，所屬的兩百多人隊伍，後來只剩下幾個生存者。不久，他從小兵升到了班長，還獲得三枚獎章和一個英勇勳章。

他曾經多次在深夜帶兵到敵後偵察，也曾數次襲擊敵方的營地，每次他都打前鋒，而且每次都是九死一生。

一次，在德國邊境的小鎮上，他擊毀了一架敵方的機關槍，還救了同袍一命。有一次要深夜到敵後偵察時，他的排長命他帶領一群弟兄，穿過鐵絲網和地雷區，深入敵軍兵營裡探取情報。這次斯蒂克仍然走在最前頭，不但帶回寶貴的情報，還俘擄了四個敵兵回來。

　　還有一次偵察行動中，斯蒂克帶著一班弟兄越過一座橋樑，進入了靠近德軍駐紮地的一間獨立小屋，就在黃昏時分，他們擊斃了一名攻入走廊的德軍。他和弟兄們在小屋中和敵人的屍體一起過夜，因為和德國軍隊只隔著一座橋，士兵們都很害怕敵人會來圍攻，這時斯蒂克沉著地說：「勇敢一點，只要我們不畏縮，這一夜一定能安全渡過。」

　　有了斯蒂克充滿信心的勉勵，一班弟兄們的心都鎮定了下來，也真的平安地渡過了一夜。

　　德國作家亨利希·曼說：「信心是希望的火種，往往在你摸索的黑夜裡，照亮前程的路。」

　　培養你的自信心吧！

　　所謂的奇蹟和轉機，其實都是對自己有了信心後，能沉著應對，然後以不畏縮、堅持不懈和越挫越勇的精神，安然渡過每一個困難和危險。

　　只要充滿了信心，你就你自己命運的主宰，不管碰到任何危險事情都能逢凶化吉。

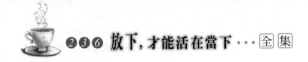

成功之時，也有可能是失敗的開始

法蘭西斯・培根曾說：「凡是過於把幸運之事，歸功於自己的聰明和智謀的人，結局多半是很不幸的。」

　　法國作家勒納爾曾經這麼說：「謙遜，是一種最不會冒犯別人的驕傲。」

　　「勝不驕，敗不餒」，這不只是一句格言而已，而是爲人處世的備忘法則。要求意氣風發的人不要把眼睛放在頭頂上，其實並不容易，但是，如果你真把雙眼擱在頭頂上，小心你就要被前面的小石頭絆倒。

　　一九八〇年，松下電器公司已經是一個資本高達兩兆億日元的大企業。

　　這一年，松下幸之助提拔山下俊彥出任總經理，在第四次決算時，公司營業總額爲二兆一百五十二億五千八百萬日元，比起前一年同期成長了百分之七。當時，日本的產業界中，除了松下電器之外，營業額能達二兆億日元的只有三家，即豐田汽車、日產汽車和新日鐵，而松下企業則比預定計劃提早一年突破了二兆日元的目標。

　　可是身爲總經理的山下俊彥，心中雖然喜悅，卻沒有因此而

露出驕傲的神情，他說：「營業額超過二兆日元固然可喜，但我還不能放心，在營業額成長的同時，我們還必須充實新內容，否則很快就會被追上。」

從這一年起，山下俊彥開始整頓公司的體制，著手進行革新，從家用電器製造到電子綜合產業，都經過一番改革。

山下俊彥說：「從銷售量上來比較，菲利浦是三兆八千億日元，美國通用電氣公司則是五兆億日元，而我們在銷售規模上還比不上他們，即使是利潤上，純利也只有百分之四而已，這比美國通用電氣公司的百分之六，還要低了許多。因此我們還要努力，才能趕上通用電氣公司！」

山下俊彥告訴員工，不要只滿足於眼前的成績，要有不斷求新求進步的衝勁，向更高的目標邁進。

因此，常常有人在背後議論他說：「山下先生的慾望未免太大了！」

然而，山下俊彥並不以為意，他再次提出忠告：「我們在失敗的時候，反而能產生忍耐和克服困難的勇氣，會去反省自己的錯誤，弄清楚問題所在。要時時刻刻牢記這種精神，才不會遭到失敗。」

法蘭西斯‧培根曾說：「凡是過於把幸運之事，歸功於自己的聰明和智謀的人，結局多半是很不幸的。」

許多人會說失敗可怕，其實身處順境才更危險。一旦被提拔、晉升或小有成就，許多人就自滿於現況，而不知前進，一旦養成了驕傲自滿的心態，失敗也就即將開始孕育。

從現實的經驗來看，不少人都是在一帆風順的時候，開始出

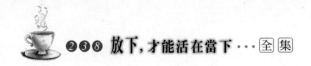

現了問題。

為什麼他們成功之時卻馬上遭遇失敗？

這是因為，很多人常常因為辛苦了好久，終於成功，反而忘了之前的辛苦付出，不知道要更懂得珍惜和謙虛，一旦成功就志得意滿，目中無人了起來。

因此，人必須像山下俊彥一樣，在成功之時看見成功之外潛藏的危機。

當你得意或某件事情圓滿解決的時候，不要興奮過頭，反而要更保持謹慎、冷靜的態度，你的成功才會恒久。

你為什麼覺得生活很痛苦？

白俄羅斯作家伊凡·沙米亞金在《夜幕中的閃光》中告誡世人：「要在自己身上找到力量來拯救自己的幸福，否則它就會被摧殘、玷污。」

覺得現在的工作讓你很痛苦嗎？

先停下腳步想想，你是用什麼樣的心態在進行，如果連一點樂趣也沒有，那就別再前進了，換個工作或者重新開始。

找出你主動學習的熱情，換個態度面對你的工作，釐清什麼是你想要的生活，整理你應該有的生活態度，你才不會在埋怨中虛度一生。

有一位住在山區的農夫，每天都必須翻山越嶺地挑著兩大擔柴，到市集去販賣。他把所得的錢購買一天的糧食後，就細心地把剩餘的錢存好，供他兒子到城裡讀書。

有一年，當兒子放暑假回來時，農夫為了培養他吃苦耐勞的精神，便叫兒子幫他挑柴到市集去賣。一直深受呵護的兒子不大情願地挑了兩擔柴，翻山越嶺地挑到市集去，但是這項粗重的工作可把他給累壞了，只做了兩天，他就累得不能再做了。

父親沒辦法，只好嘆了口氣，要兒子好好休息，自己挑柴去賣，好養家餬口。可是，天有不測風雲，幾天後，父親卻不幸病

倒了，而且這一病就是半月。家裡頓時失去了經濟來源，眼看就要陷入絕境，兒子想不出其他辦法，只好主動地挑起生活的重擔，學著父親上山砍柴，然後再挑到市集裡販賣。可是，這次他卻一點也不覺得累。

「兒子，別累壞了身子！」躺在床上的父親欣慰地看著兒子。

這時，兒子停下手中的工作，對父親說：「爸，真是奇怪，剛開始你叫我挑柴的那兩天，我挑的擔子那麼輕，但卻覺得相當累，怎麼現在我挑得越來越重，反倒覺得擔子越來越輕了呢？」

父親開心地點點頭，說道：「那是因為你已經把體力鍛鍊出來，還有就是，經過這次事件，你的心理也成熟不少的緣故。當你有了挑起重擔的勇氣，那麼擔子自然就會變輕！」

你明白這位父親所說的理由嗎？

當所有動作都是自發性的時候，那麼一個人對於自己挑起的擔子便不再感到辛苦；當心中沒有了抱怨，時間一久，不知不覺就會覺得甘之如飴，擔子自然也就挑得輕鬆又自在。

當兒子把挑柴換得的糧食帶回家時，從中所得到的滿足感，便是他擔子減輕的重要助手。

白俄羅斯作家伊凡・沙米亞金在《夜幕中的閃光》中告誡世人：「要在自己身上找到力量來拯救自己的幸福，否則它就會被摧殘、玷污。」

當你能自動自發的行動，就會開始培養出興趣，有了興趣，任何事情對你而言就不會有所謂的辛苦存在，每天只會感到成就感不斷增加。

不斷學習才能不斷獲得

法國思想家孟德思鳩說：「我們接受三種
教育，一種來自父母，一種來自師長，一
種來自社會。第三種教育與前兩種完全背
道而馳。」

有人會認為，知識和學問是經由讀書獲得的，其實，更重要
的學問不在學校或課本，而是經由不斷學習、研究才能獲得。

人應該像海綿一樣，不斷吸收有用的知識，彌補自己的不足。

期末考試的最後一天，一群大四學生在台階上擠成一團，他
們正在討論著即將開始的考試，這是他們畢業前的最後一次測驗，
每個人臉上充滿了自信。

有一些人正談論著自己已經找到的工作，另外一些人則談論
著他們理想中的工作。他們對這四年來的學習成果相當有信心，
都認為自己是最優秀的人才，甚至還可以征服全世界。

考試即將開始，教授告訴他們可以帶任何想帶的書本或筆記，
但是不能在測驗的時候交談。

學生們高高興興地進了教室，教授把試卷發了下來，當他們發
現只有五個考題時，臉上的笑容更加燦爛。考試時間結束了，教授
開始收卷，但學生們臉上的笑容不再，看起來完全沒有了自信，臉
上寫滿了沮喪。

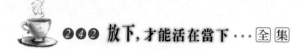

教授看著台下一張張焦急的臉，問道：「五個題目都完成的同學請舉手！」

竟然沒有一個人舉手。

「那完成四題的請舉手？」

沒想到還是沒有人舉手。

「完成三題的請舉手！」

「寫完兩道題的呢？」

問到這裡，每個學生們焦躁不安地在座位上騷動起來。

「那麼一題呢？有沒有人完成了一題的？」

此刻，整個教室寂靜無聲，於是，教授放下了考卷，對著學生說：「沒錯，這正是我期待的結果。」

這時，有學生不滿地發起牢騷，教授帶著勉勵而感性的語氣說：「我只是要讓你們留下一個深刻的印象，讓你們知道，即使大家完成了四年的學業，但是在學校和課本之外，仍然有很多東西是你們還不知道的，這些你們不能回答的問題，其實和你們即將面對的未來生活有關。」

他微笑著補充：「放心好了，你們都會順利畢業，但是千萬要記住，即使你們大學畢業了，你們的教育才剛剛開始。」

法國思想家孟德思鳩說：「我們接受三種教育，一種來自父母，一種來自師長，一種來自社會。第三種教育與前兩種完全背道而馳。」

在大學畢業前，你們一定聽過教授們這樣的鼓勵：「恭禧你們大學畢業了，不過，接下來要進入的社會大學，才是你們真正學習的開始。」

　　從小我們接受正規的學校教育，有了知識上的學習與累積；當我們慢慢成長，接觸的層面日漸寬廣，我們也開始面對生活裡的現實。

　　直到進入社會，有了工作，我們的人生才正要開始，任何會遇到的難題或人際上的交流……等等，全都和學校裡遇到的不同，沒有辦法舉例援用。

　　也許有人幸運一點，能遇到貴人指點，但是，大多時候，事情都必須靠你自己加以解決，而這就是社會大學的多元性，也是你一輩子都要認真學習的必修課程。

　　不管你已經畢業還是即將畢業，都要說聲恭禧，你的社會大學即將正式開始。

PART II

簡單看待生命的阻礙

只要能簡單看待，

　　一定能輕鬆躍過生活中層層的阻礙。

生命存在的最大作用除了享受生活外，

　　就是不斷地創造無限可能！

成功與失敗，只是生活的常態

成功與失敗，其實不過是生活的常態，能不
被一時的得意與失意擾亂生活步調的人，自
然能安安穩穩地坐在夢想的王位上。

失敗時，你習慣怎麼面對自己？

是哭喪著臉對自己說：「你沒救了！」

還是會抹乾眼淚，對自己說：「還有機會！」

只要不輕易地放棄自己，就一定能等到機會。無論失敗或成
功都是生活的必備元素，倘若生命中只擁有其中之一，我們無法
成就完整的人生。

老虎在和獅子的大王爭奪擂台賽中，因爲技藝太差，被獅子
狠狠摔下擂台。獅子在其他動物的歡呼聲中，開心地戴上了燦亮
的王冠。至於失敗的老虎，則默默離開會場，獨自來到森林的深
處，偷偷地流淚。

忽然有隻小白兔蹦蹦跳跳地出現：「咦？是老虎大哥，你怎
麼哭了？」

老虎聽見白兔的聲音，連忙回答說：「沒什麼，是沙子吹進
眼裡去了。」

「風？哪來的風啊？」小白兔雖然感到疑惑，卻也沒再多問，

很快地便蹦蹦跳跳地離開了。

「你還在傷心呀？」是老斑馬的聲音。

斑馬拍拍老虎的肩膀，擂台賽時牠是評委，自然明白參賽者失敗的心情。

「剛才我輸得真慘，我真是一個沒用的傢伙。」老虎說完，忽然站了起來，竟是準備朝著樹身撞去。

斑馬見狀立即拉住老虎：「小老弟，別做傻事啊！」

「我，我是個失敗者，連續兩屆擂台大賽都被獅子打敗……我，我真是太丟臉了，我還有什麼臉活下去呢？」說完，老虎便放聲大哭。

「比賽輸了，就失去活下去的勇氣，那麼，你還真的是一個失敗者。你看看我，年輕時不也因為爭強好勝，而被大象從擂台上給摔出來，還摔斷了左腿，可我從來沒有放棄過自己啊！後來，熊醫生幫我裝了義肢，當時的我不知道有多麼開心啊！」

老虎吃驚地說：「什麼？你的左腿是假的？」

「是的，左腿雖然是假的，但是我的心是活的啊！」斑馬說。

看著斑馬的積極態度，老虎似乎也得到了勇氣和動力，從此以後，勤學苦練。

第二年，牠終於戰勝獅子，成為新一屆的萬獸之王。

故事結局一如傳統，有個反敗為勝的結果，只是，最終是否成功真的是那麼重要的一件事嗎？

「只要不被挫敗擊倒，不以結果論斷英雄，那麼，失敗也會是另一種成功！」這是斑馬想和老虎分享的生活經驗。

現實生活中，我們不也一樣經常陷入相同的固執，執著於成

功或失敗的結果，並苦悶於「為何失敗」，或是能不能「永遠成功」的得失心中。

其實，成功就像是生活中偶爾會收到的美麗花束，能浪漫一時，但也隨時都會凋零、枯萎；而失敗就像是已經凋謝的花朵，雖然變得光禿、醜陋，但是我們只要勤快耕耘，一定會再看見花朵微笑綻放的時候。

成功與失敗，其實不過是生活的常態，能不被一時的得意與失意擾亂生活步調的人，自然能安安穩穩地坐在夢想的王位上。

簡單看待生命的阻礙

只要能簡單看待，一定能輕鬆躍過生活中
層層的阻礙。生命存在的最大作用除了享
受生活外，就是不斷地創造無限可能！

人生在世，超過一半以上的困擾和煩惱，其實都來自於我們
自以為生活不可能像自己想像中那樣簡單，因此，才會老是讓自
己陷入自尋煩惱、自作自受的心靈禁錮之中。

你若是相信「不可能」，事情的發展就會如你所預期的，「不
可能」達成你想要的目標。換句話說，生活中一切難以達成的目
標，並不是因為它真的很困難，而是因為你的心態。

別再站在難關前埋怨嘆息，只要能用積極的心態面向未來，
難關會自動打開希望之門，讓你輕鬆走過這一個關卡。

小白兔是撐竿跳選手，天天都夢想著有一天能拿到撐竿跳的
冠軍獎。但是，小白兔的訓練情況卻令人失望，無論怎麼苦練，
始終無法越過某一個高度，那似乎是牠的最高極限。

「再試一次！」教練對小白兔說。

只見小白兔撐著長竿，奮力地往前衝，然而就在牠來到起跳
點前面時，卻忽然又止步了。

「唉！我一定跳不過去的。」小白兔失望地對著教練說。

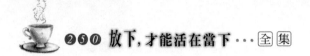

教練看著小白兔，問道：「你現在在想什麼？」

小白兔說：「衝到起跳線前，我抬頭一看到那根橫竿，便清楚感覺到我鐵定是跳不過去的。」

教練搖著頭說：「怎麼會跳不過去呢？你一定可以跳過去，你先把自己的心扔過那根橫竿，你的身子就一定能跟著過去。」

聽見教練這麼說，小白兔定了定神，並仔細地體會教練的話。只見牠抬起頭，看著上方的橫竿，然後點了點頭說：「知道了！」

於是，小白兔再次回到起跑點，再一次全力往前衝，只見牠撐起了竿子，縱身一跳，果真輕輕鬆鬆地躍過了「心中的極限」。

「真正的困境並不存在於真實環境中，所謂的困境，其實是生在你的心中，只要你拒絕心中的否定，只要你的心能躍過阻礙，困境自然就會消失不見。」這是教練在故事中教給小白兔的突破技巧。

想像著小白兔縱身一躍，你是否也看見了自己的可能？

生活其實沒有那多障礙，只要能簡單看待，決心突破，我們一定能輕鬆躍過層層的阻礙。就像故事中的小白兔一般，教練提點牠要解除心理障礙，拒絕否定自己，別讓「不可能」這三個字佔據心頭，那麼生活字典裡便不會有「極限」這兩個字。

聰明如你，應當知道生命存在的最大作用除了享受生活外，就是不斷地創造生命的無限可能！

與其哀怨地想著「不可能」，不如給自己一個機會積極嘗試。

成功了，我們便能開心迎接積極嘗試之後的勝利滋味；失敗了，我們正好可以從經驗中找出失敗的原因，並找出突破的方法，讓下一次的跳躍能越過更高更遠的高度。

肯定自己就不會懷才不遇

不要輕易放棄自己，也許眼前的機會未達到你的期望，但是請耐心等待，因為機運會在你充實飽滿後到來。

　　面對人生各種難測的際遇，有時最需要的僅僅是簡單的心思，也就是我們經常掛在嘴邊的「平常心」。

　　如果能夠瞭解幸福只是一種品嚐豐富生命的過程，而不是結果，那麼你就能以「平常心」看待世事變化，體會簡單就是最大的幸福。

　　沒有人可以長久坐在高位上，無論是被人逼迫退位，還是自己想休息隱退，人生走到某一個時候終要回歸原點，因為這是現實社會中的必然循環。

　　坐在低處的我們也無須難過，只要我們耐心等待，總能等到遞補的機會；坐在高處的我們更要謙虛看待，才不至於出現醜陋的跌倒姿態。

　　有一個農夫正在採收花生，他那八歲大的兒子也跟著來到田間，只見小男孩把剛刨出來的花生豆裝進袋中。

　　忽然，男孩發現袋子底下破了一個小洞，驚呼道：「爸爸！袋子破了一個洞，該怎麼辦？」

農夫說：「你可以撿幾個大一點的花生放在袋子底下，這樣一來就可以擋住洞口，那麼小一點的花生就不會掉出來了！」

男孩聽了父親的話，認真地挑出幾顆大花生來當墊底。不久，到了收工的時候，農夫趕忙駕著馬車趕赴市集，好讓剛摘下的花生能趁鮮賣出，說不定還能賣得一個好價錢。

花生袋裡傳來一陣窸窸窣窣的聲音。

「哈！你們這些傻大個兒，塊頭大有什麼好處？看看你們，竟成了我們的墊底！」有顆小花生無情地嘲笑著。

聽了這話，其中一顆大花生回答說：「那又何妨？這不正表示我們始終都是最有用處的？」

「是嗎？沒想到大個子反被小個子欺負。」另一顆大花生難過地說。

「小老弟，放心啦！現在我們只是暫時被困在下面，過不了多久就能出頭了。」一顆正擋住洞口的大花生說。

「可以出頭嗎？笑死人了，想有出頭之日，可有得⋯⋯」小花生的話還沒說完，車子忽然一個大震動，好幾顆小花生就這麼被震到了袋底。

這條路全是山路，一路顛簸，卻也把小花生慢慢地顛到了袋子底下，至於大花生則被推擠到袋子的上面。

儘管小花生拼了命地抓住袋口邊緣，無奈身材實在太瘦小了，最後它們全都滾到了袋底。眼看就要被推到洞口，小花生們使勁地滾動著身子，企圖再擠回到上層去，就在這個時候，馬車猛地一顛，小花生從洞口滾了出來，而且還滾到了農夫兒子的腳邊。

男孩看見小花生滾了出來，順勢想將小花生踢回到袋子身邊，沒想到卻用力過猛，反而將小花生踢破了。

農夫總算趕上了黃昏市集，車子才剛停下來，就有一位老闆

走過來，看見農夫袋子裡一顆顆又大又新鮮的花生，便決定全數買下。過完秤，農夫發現遺落在車上的幾顆小花生，趕忙撿起來說：「先生，這裡還有些小花生，送你吧！」

「謝謝，不過我不要，這花生太小了，沒人喜歡！」

說完，老闆提起袋子離去，農夫看了看抓在手中的小花生，便順手將小花生扔到街邊的垃圾桶中。

這則故事中有著兩個截然不同的寓意，就看你想從那一個角度思考。

說到小花生，那麼我們便要懂得虛懷若谷的處世之道，得意之時更要有居安思危的智慧；論及大花生，我們則要給自己樂觀的人生態度，要表現出積極的企圖心。

從小花生的角度再想一想，踩在別人的頭上，真的能感覺到安穩和快樂嗎？還是會更常擔心著，萬一一個重心不穩，從高處跌落，轉眼變成別人踩在自己的頭上？

聽見別人的嘲笑，你又是怎麼想的？是像大花生一樣，樂觀地肯定自己必有作用，還是哀嘆著自己懷才不遇呢？

不要隨意否定別人，更不要輕易放棄自己，也許眼前的機會未達到你的期望，但是請耐心等待，因為機運會在你充實飽滿後到來。如果你很輕易地達成了心中的盼望，更要能謙卑看待，才能長久保有自己難得的成功地位。

換個角度，生命其實很富足

往上看，天空很高，想飛上天自然不易，如果能低下頭，看見雙腳實在地踏在地上，心底便會出現沉穩踏實的感受。

生活到底苦不苦，並不是由生活本身的滋味決定，而是在於品嚐者本身的味覺感受。

這就好像人們在品嚐苦瓜時，喜歡它的人會笑著說：「苦，好哇！」相反的，不喜歡苦瓜滋味的人，無論他人怎麼讚美，始終會皺著眉頭埋怨：「哇，好苦！」

如果只看見生活「苦困」的一面，自然就不容易看見另一個希望面向。只要我們懂得選擇微笑生活，自然能品嚐到苦瓜內含的甘甜清爽滋味。

森林中，有一群兔子整天都顯得憂心忡忡的樣子，「唉，為何我們這樣弱小？唉，為何我們老是成為別人的目標？」

厭倦了一天到晚疲於奔命的日子，兔子們一致決定：「結束這一切為生活辛苦、為生活努力的時候到了！」

牠們決定要一起從懸崖上跳下，跳入很深很深的淵泉中，了結自己的生命，讓自己能從此拋開這一切煩惱和恐懼。

當一大群兔子全跑到懸崖邊並準備往下跳時，正在崖邊玩耍

的青蛙們，一聽雜亂的腳步聲，竟一隻隻驚慌地跳進了深水裡去。

　　領頭的兔子看見青蛙因爲牠們的出現而慌張地跳進水中時，忍不住大叫道：「等等，朋友們，快捨棄自殺的想法，快停止這個愚蠢的放棄生命的行動吧！你們看，原來在這個世界上，還有比我們更弱小更膽小的動物啊！」

　　往上看，天空很高，想飛上天自然不易。

　　然而，如果我們能低下頭，看見雙腳實在地踏在地上，這樣心底便會出現沉穩且踏實的感受，這是因爲看事情的角度不同，就會有不同的感受和希望。

　　故事中，兔子們看事情的角度便是關鍵。

　　當牠們眼中只能看見自己受苦受難的畫面時，當然會陷入悲觀無望的生活氛圍中，甚至放棄任何生命希望。直到遇見青蛙，在青蛙驚慌行爲的啓示下，牠們看見人生的另一個面向，原來自己不是那樣一無是處的！

　　也許向上比較，我們略顯不足，但是只要我們一低頭，便能看見比我們更加辛苦生活的人，竟過得比我們開心，比我們更自在微笑。此刻，我們心中是否出現了這麼一個聲音：「這點辛苦算得了什麼，他們過得比我們還苦，卻依然笑得這樣開心，我們爲何不能？」

發揮智慧突破重圍

無懼於危險，就能在最危急的時候冷靜思考出解決問題的辦法。與其一味地奔逃，不如想辦法反抗，也許還能夠找到一線生機。

麻煩出現時，你都怎麼告訴自己？

是要求自己先冷靜情緒，然後慢慢地思考解決辦法？還是不住地發抖，不住地埋怨：「為什麼壞事全找上我？為什麼我老是這麼倒楣！」

生活本來就不可能事事順心，偶爾出現一些狀況其實是很正常的，自然界儘管經常出現恃強欺弱的情景，但絕對少不了弱者絕處逢生的畫面。

有隻母牛帶著小牛在河邊吃草，突然間，樹林中衝出一隻兇猛的老虎。母牛見狀，連忙對著小牛說：「孩子，快跑！」

小牛聽見媽媽的叫喊，馬上跟著母親的動作轉身逃跑。雖然母子倆已用盡全身力氣往前逃，但是老虎始終緊追在後，完全沒有放棄的打算。三個迅速奔跑的身影，一前一後，彼此的距離似乎正慢慢拉近中。

就在這個危急關頭，小牛突然一個大迴轉，轉身面向老虎，用牠那稚嫩的牛角猛地朝著老虎刺去！

　　這個突如其來的舉動，讓老虎根本來不及反應，只聽見一陣可怕的叫聲響起，「吼！」

　　沒錯，這是老虎的叫聲，因為牠的下顎被小牛角戳傷了。

　　由於傷勢不輕，老虎只好掉頭離去，至於母牛和小牛，則趁機趕緊逃開。

　　「孩子，你真勇敢，媽媽以你為榮！」母牛對孩子點頭肯定地說。

　　這是非常時候的非常舉動，也是小牛機智勇敢的表現，因為他無懼於危險，因而能在最危急的時候冷靜思考出解決問題的辦法。

　　雖然這個回擊動作十分危險，一旦擊退不成，反倒成了「自投羅網」，但是小牛卻一點也不遲疑，因為牠知道，與其一味地奔逃，不如想辦法反抗，也許還能夠找到一線生機。

　　結果正如小牛所預期的，因為老虎確實沒有料到這一著。相同的，多數的對手也很少會提防人們忽然射出的「暗箭」，所以什麼時候該回擊，何時要反抗，端看聰明的你是否能依當下情況，做出最佳的因應和計劃。

　　從這個面向檢討，可以發現人們最常犯的情況是：一味盲目追趕的結果，容易讓自己忘了腳下的步伐，看不見腳下前進的方向和暗藏的危險！

　　這個故事包含有攻有守的寓意，也告訴我們應當養成因應多變生活的智慧。暗箭雖然難防，但是只要小心防範，終能躲開傷害；相對的，縱然身處危機之中，只要我們能冷靜面對，必定能善用機智找到突破重圍的機會。

相信自己，就沒人能否定你

只要充分發揮自己的潛能與實力，只要用心生活，誰都可以和別人一樣有相同精彩的人生！

「你怎麼那麼笨，連這麼簡單的事也不能完成？」

聽見別人的斥責聲，你都會怎麼看待？

是跟著別人的否定而否定自己，還是會用更積極的想法告訴自己：「我一點也不笨。這一次雖然失敗了，但是我已經得到教訓和經驗，下一次我一定會讓你們刮目相看！」

全身都是疙疙瘩瘩的蟾蜍家族，長得實在是其貌不揚，因而被動物國王貶為最劣等的公民。

然而，小蟾蜍對於這個難堪的身分，一點也不認命，面對其他動物的歧視眼光與社會的現實面一點也不屈服。

從小到大，小蟾蜍總是這麼對自己說：「我要克服自卑，沒有人可以否定我，只要我不否定自己！」

力爭上游的小蟾蜍，從不因為自己的角色地位而放棄機會。無論在什麼樣的環境，牠都非常努力學習，更加倍努力地取得每一個機會，也因此從磨練中獲得應有的生命自信。

小蟾蜍漸漸長大，也漸漸用成功的種種喜悅，掃除牠人各式

各樣的嘲笑與歧視所留下的陰影。

靠著自己的力量戰勝天生的缺陷後，小蟾蜍突破萬難，打破了動物國會身分地位的規定，成為第一位劣等公民的國會代表。

從此，小蟾蜍總是很有自信對身邊的伙伴說：「好好地充實自己，對自己要有信心，沒有人可以輕易否決我們！」

小蟾蜍積極地處理各項繁雜事務，靈活周旋於動物王國之中，漸漸以實力擄獲民心，終而成為動物王國史上最年輕的首相。

當記者採訪問到小蟾蜍成功的秘訣時，牠淡淡地說：「很簡單，我從不為自己的外表感到自卑，更不在意別人的嘲笑與否定。我就是我，想成功就一定要相信自己『一定行』！」

一路力爭上游，蟾蜍真正戰勝的不是別人的眼光，而是對自己的觀感。

生命顯現於外的面貌不過是一個裝飾，就像佛家所說，外在「不過是個臭皮囊」。我們真正應該專注且在意的，是「臭皮囊」內是否有顆實實在在的聰明腦袋，是否有個寬廣而包容的胸襟。

這個道理小蟾蜍十分明白，所以牠從不為外表的美醜煩累，更不會因人們的冷嘲熱諷或惡意嘲笑而受困。牠知道：「只要充分發揮自己的潛能與實力，只要用心生活，誰都可以和別人一樣有相同精采的人生！」

你總是覺得自己不行嗎？你經常覺得自己的不如人嗎？

事實上，大多數的成功者身後都沒有好背景、好靠山，更沒有帥氣風光的身影。他們的奮鬥起點大都是人們根本不會在意的角落。然而，他們雖然在人們的否定聲中安靜成長，最後卻是在人們的驚嘆聲中開花結果！

成敗，取決於你的心態

心房不開，沒有人能解開你心裡的結；若
是拒絕希望，再好的機會擺放在門口，也
不會懂得把握。

你的生活環境果真如你所想的那麼差嗎？

當然不是了，聰明的人都知道，只要我們自己丟棄壞念頭，拒絕對自己的否定，懂得世界是靠我們轉動的道理，那麼我們的夢想自然會悄悄降臨，原本看起來不太理想的環境，便會跟著好心情出現神奇的變化。

改造環境就是這麼簡單，不需要等待別人付出，只要一個積極的念頭，只要一個積極的行動，原本道路上的石塊便成了建築夢想的最佳選材。

大章魚正在海洋中自在悠游，一邊尋找食物，一邊享受著海底的美麗風景。

就在這個時候，大章魚發現前方有株十分美麗的珊瑚，而且在珊瑚的枝椏上，還竟然夾帶著一顆漂亮的珍珠。

大章魚連忙游到珊瑚身邊，然後伸出牠的八隻大章魚手，準備將珊瑚枝椏上的那顆漂亮珍珠摘下來。

只是工作未如預期中順利，無法輕易摘取，不管大章魚怎扳

折，珍珠始終動也不動地緊緊貼附在珊瑚身上。

「怎麼可能摘不下來？」最後，大章魚筋疲力盡了，「唉，就算無緣吧！」

大章魚決定放棄，然而就在準備離開時，忽然慘叫了一聲：「啊！」原來，牠被珊瑚的枝椏給困住了，才剛想把手抽離，卻被珊瑚的枝椏刮得傷痕累累。

「怎麼會這樣呢？天哪，誰來救救我啊！」大章魚痛得哇哇大叫。

這時，有隻海龜聽到了章魚的呼救聲，連忙趕來營救，然而當牠仔細觀察現場情況後，卻大笑了起來。

大章魚看見海龜笑牠，非常生氣地說：「笑什麼笑？你沒看見我被困住了嗎？你不快點幫忙我脫身，反而嘲笑起我來，真是太可惡了。」

海龜強忍著笑意說：「我的朋友啊！珊瑚哪有困住你？是你把珊瑚綑住才對吧！我能怎麼幫你？你自己不肯鬆手，又如何能離開珊瑚的身邊呢？快鬆手啦，自由權根本掌握在你手中，看仔細了，是你的手臂繫在枝椏上，可不是珊瑚的枝椏纏住了你！」

大章魚定神一看，不一會兒便尷尬地笑說：「好像是！」

和大章魚一樣的人其實不少，他們經常把自己困在角落裡自怨自艾，說世界太過狹隘，怪社會太過灰暗。

殊不知，眼前的困境是他們自己所造成，只是一味地躲在角落裡，拒絕看見窗外的光照，拒絕走出屋外，迎接寬廣的未來，又怎能怪責全是環境的錯？

你的心房不開，沒有人能了解並協助你解開心裡的結；若是

拒絕希望，再好的機會擺放在門口，也不會懂得把握。

個人的困境其實都是自己造成的，一如大章魚，若非自困於珊瑚叢中，牠的八隻爪又怎麼會被刮得傷痕累累？

想像著章魚爪上吸盤用力吸附的畫面，對照著那些怪責大環境太差的人，他們不也像大章魚的吸盤一樣，緊抱著「景氣差」三個字不放，卻忘了放棄希望，執著於「景氣差」的始作俑者正是自己啊！

「我們都有著絕對的自主權。張開手，奮力拚搏，壞情況便會因你而再現生機。想改造環境，真正可靠的不是別人，而是你自己！」這是海龜在笑聲中真正要分享的意思。

不要用今天的時間煩惱明天的事

天天都要生活，所以我們天天都會有事做，能認真生活當下，不想著投機取巧，生活才能天天都是享受！

你經常想把生活或工作中的繁雜瑣事一次解決嗎？

一口氣將手上的工作解決之後，你有沒有發現什麼問題？

「今日事今日畢」這句話，不只是提醒我們要認真生活當下，好減輕明天的負擔，更是要告訴我們：「**每件事或煩惱都有屬於它最佳的解決時機，所以請專注今天要完成的工作，不要用今天的時間去煩惱明天的事！**」

每天都要負責清掃寺廟後院落葉的小和尚，對於這項工作頗有微詞。這天他便對好朋友說：「唉，這真是件苦差事啊！」

「你知道嗎？我每天一大早起來，就開始在院子裡打掃落葉，但是無論我怎麼掃卻始終也掃不乾淨，這實在是件累人的工作。尤其是在秋冬季節，只要風一吹起，樹梢上的葉子就會隨著風飄落下來，我的打掃工作根本無法停止。」小和尚哀怨地說。

這時，朋友卻對他說：「是嗎？那果真要花許多時間才能清掃完畢，要不我們一起想想法子，看看有什麼辦法可以解決你的困擾。」

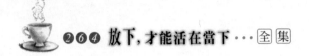

院子裡的樹葉片片飄落，小和尚和友人抬著頭，看著樹上茂盛的綠葉。

忽然，小和尚的朋友說：「我想到了一個好方法，明天打掃之前，你先用力地搖一搖樹身，讓樹上就快落下的葉子統統掉下來，那麼後天你就可以不用打掃葉子了！」

「是啊！你真聰明！」小和尚開心地說。

第二天，小和尚特地起了個大早，只見他帶著開心又精神的面容來到院子。接著，便見他使勁地搖晃樹身，果然飄落了比平時更多的「落葉」。

「太好了，我可以把今天跟明天的落葉一次掃乾淨了！」

一想到可以一次清乾淨，能多空出一點休息時間，這可讓小和尚開心得一整天都掛滿笑容。

第二天，小和尚帶著笑意來到院子，但眼前的畫面卻讓他傻眼！院子裡和往常一樣，仍然落葉滿地：「怎麼會這樣？」

這時一位老和尚走了過來，問道：「怎麼呆住了？」

小和尚一五一十地將昨天的情況說給老和尚聽，老和尚笑著說：「傻孩子，每天都一定會有事情讓你好好生活，今天能加倍工作當然是好事，不過並不會讓你明天沒有事情做，因為，明天有明天要做的事，就好像落葉天天都會飄落一樣啊！」

小和尚看著老和尚，明白地點了點頭：「嗯，我懂了，人世間有許多事是無法提前的，唯有認真地活在當下，才是我們應有的人生態度。」

這則寓言故事告訴我們：「天天都要生活，所以我們天天都會有事做，能認真生活當下，不想著投機取巧，生活才能天天都

是享受！」

你是不是也這麼認為呢？

所有工作都富含著樂趣，無論是與人交流時的趣味，還是完成任務時的成就感，每一天都有不同的趣事發生，只要你認真體察就會發現。

葉枯了自然會掉落，想好好生活，就要好好地體會「活」字，能停下休息並不一定是好事，因為有些情況會是「停止」或「停滯」，一旦出現了這樣的情況，想及時找回你的生活能量和活力，恐怕需要費一番功夫和時間了。

別像小和尚一樣，老想著要休息，更不要經常盼望著能不勞而獲。生活並沒有那麼辛苦，因為我們一定能從中找到苦中作樂的趣味。替小和尚想像一下，當落葉如雪片般飄下的情境，不是也別有一番愜意感性的風味？

PART 12

爭或不爭，
要靠智慧評定

世間形形色色的人都有，

　　我們很難猜出對方心中的真正情意，

更難看清楚對方心底的真偽，

　　唯一能做的就是保護自己。

處事不急躁才能使生命閃耀

小心聽話，才能細心聽出其中玄機與要訣，
著急搶話不僅會自曝其短，還會導致更多不
必的誤會和錯漏。

　　能力還沒累積充實，我們不能輕易出手；話如果只聽一半，我們不能輕易評斷是非，更不能隨意妄下斷言。

　　生活的智慧只學得一半，那麼我們就不算擁有智慧，唯有把智者之言聽個完整，才能自信且無疑地說：「我懂了！」

　　蟾蜍和馬陸是一對極要好的朋友，有一天蟾蜍問馬陸：「雖然我生活在水中，但我卻發現，我們的身體怎麼也無法像你們一樣乾淨？」

　　馬陸回答說：「我出生的時候，媽媽先燒了一鍋開水……」

　　個性急躁的蟾蜍，沒等馬陸說完，便急急忙忙地打斷了牠的話，問道：「水燒開了以後，你是不是就跳進去了？」

　　馬陸本來還要說等開水涼了之後，馬陸媽媽會幫牠清洗身體，洗乾淨後還會為牠塗抹上一層潤膚油，並用乾淨的毛巾輕輕將牠的身體抹乾淨。

　　手續很多道，但是蟾蜍根本沒讓馬陸繼續說下去，著急地追問：「你是不是就這麼跳進去？是不是直接跳進開水中清洗身體

就好？」

　蟾蜍著急地追問，馬陸根本沒機會補充說明，最後只好直接回答牠的答案：「是的，我最後是直接跳進水中清洗的。」

　蟾蜍一聽，便急急忙忙和馬陸告別，然後立即回家請蟾蜍媽媽也為牠燒一鍋水，說道：「媽媽，我要洗熱水澡，快點幫我煮一鍋熱水！」

　「為什麼要洗熱水澡？」蟾蜍媽媽問道。

　小蟾蜍哭喊著說：「我就是要洗熱水澡啦！我要熱水啦！」

　蟾蜍媽媽無奈地說：「好，我幫你煮，但你怎麼突然要洗熱水澡呢？」

　小蟾蜍回答說：「馬陸說用熱水洗澡，才能把身體洗得乾乾淨淨啦！」

　蟾蜍媽媽知道說不過小蟾蜍，只好到廚房準備熱水。

　「等等……」蟾蜍媽媽根本來不及阻止小蟾蜍，便見小蟾蜍著急地跳進剛剛燒開的熱水中。

　「啊……」

　只聽見小蟾蜍慘叫了一聲，滾燙的熱水燙得牠哇哇大叫，雖然牠急忙地跳出鍋外，可是身體已經被燙得渾身是傷。蟾蜍媽媽嘆道：「孩子，要等熱水涼一些才對吧！」

　意外已經發生，原本希望變得更乾淨漂亮的小蟾蜍，如今卻只能無奈地望著自己滿身的斑斑點點、疙疙瘩瘩，永遠都是髒髒醜醜的模樣。

　小心聽話，才能細心聽出其中玄機與要訣，著急搶話，或著急地要求結論，不僅會自曝其短，還會導致更多不必的誤會和錯

漏。就像聽人說話老是只聽一半的小蟾蜍，最終便被自己草率且急躁的個性所誤。

看見牠著急地跳進滾燙的熱水中時，你是否意識到：「急躁的個性很容易讓我們出錯，有些時候，甚至還會為我們帶來可怕的危機。」

是啊，話說得多，不如話說得巧；話聽得多，不如聽見一句重點就好。如果聽得再多卻不能聽見重點，那麼不如不要到處求教，因為學得越多，反而越容易出錯，就像小蟾蜍一樣，以為找到了生活的智慧，卻沒想到反而耽誤了自己的人生。

生活的智慧其實不難求得，只是在還沒能將剛獲得的智慧消化融會貫通之前，不要急於出手表現，如此我們才能真正地活用智慧，並以此換得一個亮眼非凡的自己。

與其批評，不如相互肯定

不要輕易對人做出批評，更不要讓你的偏見
錯判了結果。最佳的生活互動不是比較，而
是互相給予肯定。

　　摘下你的眼鏡，少了眼鏡聚焦的四周，你看見的是一個怎樣
的景象呢？

　　許多人看待人事物總像是忘了戴上眼鏡一樣。他們喜歡用模
糊的眼去觀看，也喜歡從片面之詞中下評斷，然後讓自己的偏見
越來越深，越來越看不見清晰圓亮的月，即使最後戴上了眼鏡還
是朦朧不明。

　　有隻色彩亮麗的花蝴蝶，經常批評住在自己家對面的鄰居：
「你們看，那隻小灰蝶真是懶惰。」

　　「你怎麼會認為牠很懶惰？」瓢蟲不解地問道。

　　「你看，牠身上的衣服很髒不是嗎？好像永遠也洗不乾淨似
的，我每次看見牠的時候，牠全身總是灰不拉嘰的，仔細看，還
有許多斑黃的小點。你們看看我，這一身漂亮鮮豔的衣服，是不
是很迷人呢？那是因為我很勤快打扮、整理自己的緣故哪！」花
蝴蝶頗自傲地說。

　　毛毛蟲則不以為然地說：「從身上的衣服來做判斷似乎不太

公平。」

花蝴蝶一聽，有些生氣地說：「怎麼會不公平，事實就是事實，我可是到哪兒都是人見人愛的，因為大家都知道我的勤快和美麗，公園裡的小孩們不就經常追趕著我說：『你看，好漂亮的蝴蝶哦！』甚至還有小蜜蜂追著我不放，以為我是一朵會飄舞的美麗花朵呢！至於小灰蝶，人們根本連理都不想理，不知情的人，還以為牠已經病入膏肓了。」

花蝴蝶喋喋不休地向朋友炫耀自己的美麗，當然更不忘指責鄰居小灰蝶的懶惰與醜陋，藉以突顯出自己的美好。

有一天，竹節蟲來找花蝴蝶聊天，也聽見了花蝴蝶的自誇，和對小灰蝶的嘲諷。

與小灰蝶也十分熟稔的竹節蟲聽罷便說：「花蝴蝶啊，人家小灰蝶可一點也不懶惰呦，雖然牠的色彩沒你那麼豐富，但是牠可是灰到會反光呢！難道你看不出來嗎？」

花蝴蝶一聽，用力地搖著頭說：「反光？哪有什麼光彩？我說牠是個大懶蟲就是個大懶蟲！」

花蝴蝶十分堅持自己的觀感，竹節蟲仍然懷疑道：「你真的看不到？」

這也難怪忽竹節蟲要懷疑了，因為花蝴蝶這天到眼科檢查視力時，醫生提醒牠說：「花蝴蝶啊！你不知道你的近視眼已經高達一千度了嗎？散光還高達三百度呢！」

很有趣的小故事，以「千度近視」和「百度散光」的結果來嘲諷花蝴蝶，更讓人看見了蘊藏其中的深意：「別擔心你的光彩不足，只要緊守自己所擁有的，就沒有人能否定你的美麗；更不

要出現自負的念頭，因為美麗的包裝從來都是最不牢靠的東西！」

　　其實，旁觀者始終都是看得最清楚的一群。無論有心人怎麼訴說，如何否定或批評，旁觀者依然會用自己的眼睛再次品評，然後才會定下他們心中最後的評價。

　　你的偏見是影響不了別人的，不過你的驕傲自負卻會讓人更加清楚地看見你的缺陷。

　　所以，不要輕易對人做出批評，更不要讓你的偏見錯判了結果。最佳的生活互動不是比較，而是互相給予肯定。

已經犯下的錯誤遮掩不住

掩飾過錯反而容易讓自己陷入苦悶的生活。
試想每天懸著一顆心，擔心事情「敗露」，
日子又怎麼能輕鬆自在得起來呢？

日常生活中，我們不難發現這麼一個現象，很多時候人們越想掩飾，反而越容易曝光，究其原因，正是「心虛」兩個字。

因為，不論我們怎麼努力遮掩，始終都會不放心，而不斷翻開遮蔽物，想看看有沒有露餡，結果呢？

結果越是心虛的動作越多，反而更容易引起人們的好奇與懷疑，事情自然很快就會被揭發了。

太陽西斜，牧童慢慢引導牛群回家，他一邊吹著號角，一邊追趕著脫隊的牛隻回到牛群隊伍中。

「回家，別再脫隊了！」

牧童大聲叫著，號角也持續呼喚著迷失的牛隻。

然而，有一頭牛依然故我地站在遠處埋頭吃草，是一頭非常貪吃的老牛。

只見牧童對著那頭牛用力地吹著號角，吹得他面紅耳赤，青筋暴露，不過老牛卻依然不理會他。

工作一天，已經累得受不了的牧童看見這個情況，忍不住發

火，「快回到隊伍來，再不過來我可對你不客氣囉！」

老牛一度抬起頭來，牧童以為可以安心回家了，但沒想到，老牛的頭又埋回草堆中。

牧童一看，實在怒不可抑，一氣之下，彎身將地上的石頭撿起來，猛地朝老牛丟去。

「哞……」

先是聽見老牛慘叫一聲，接著聽到牧童驚呼一聲：「糟了！」

原來，牧童用力過猛，更沒注意到方向，竟然將老牛頂上的牛角給打斷了。

牧童見狀，連忙跑過去安撫老牛：「老牛，求求你，回去之後千萬別對主人說是我打斷了你的角啊！」

只見老牛搖著頭，嘆道：「你真是個愚笨的傢伙，就算我不說，牛角自個兒也會說出來啊！」

很有意思的小故事。想掩飾過錯的牧童，求老牛不能說出他犯下的錯誤，殊不知錯誤已經造成，傷痕缺口也已形成，說與不說不是重點，更不是面對主人時所要介意的首要問題，因為，即便牧童躲過了責難，自己是否能坦然走下去，又是另一個值得探討的議題。

牛角上的缺口也許可以找到藉口開脫，但是，在牧童的心中始終會有個疙瘩存在，接下來是否真能自在走過，恐怕只有當事人才知道。

所以，老牛其實想提醒牧童的是：「犯了錯，別求人幫忙，因為紙是包不住火的，瞞得了一時，卻瞞不了一世，終有一天你始終得自己面對。」

　　習慣掩飾自己過錯的人，反而容易讓自己陷在苦悶的生活中。

　　試想，每天懸掛著一顆心，擔心事情「敗露」那一天到來，日子又怎麼能輕鬆自在得起來呢？

　　與其擔心被人責罵，不如坦誠面對，至少心中無愧。沒有煩惱擔憂的陰影，我們才能輕盈地踏著愉快的生活步伐，並自信地向牧場主人保證：「主人，請放心，我會好好地照顧這隻老牛，並讓牠長出更漂亮的牛角來！」

讓你的思考三百六十度旋轉

喜歡捨近求遠，老是捨本逐末，最終苦求
得到的卻是一個「沒有結果」的結果。生
活不求取巧，卻也不能老是死腦筋思考！

不論是什麼東西，轉了三百六十度後會是什麼結果？有人說：
「從原點轉了三百六十度，結果還不是回到原點？」

不可否認的，的確是回到了原點。

不過，在旋轉的過程中，聰明的人會睜大雙眼，從不同的角
度認真看世界、找方法，並且能夠有更多機會思考出另一個更好
更棒的起步「原點」。

活在迷亂的時代，我們經常因為外在的誘惑而打亂了自己的
生活節奏，尤其是內心充斥著某些慾望的時候，更容易在慾望之
河載浮載沉，忘了認真思索到底自己想要獲得的是什麼。

關於這種盲目追尋的現象，科學家愛迪生提醒我們：「不下
決心培養思考習慣的人，便會失去生活中的最大樂趣。」

田野間，有好幾隻野狗累得趴在地上，牠們已經好幾天沒吃
東西了。

正餓得發慌時，牠們忽然發現河裡有有一張牛皮，在河面上
漂呀漂的，黑狗興奮地叫著：「你們看，那兒有張牛皮漂在水上！

大家快動動腦筋，有什麼辦法可以吃到牛皮？」

只見白狗自信地說：「這還不簡單，我們一塊兒把脖子伸到河裡，快速地將河水喝乾，不就能吃到牛皮了嗎？」

黑狗一聽，連忙稱好：「太好了，這真是個好辦法，弟兄們，我們一起把河水喝乾吧！」

說完，黑狗率先把頭伸進水中，並努力地埋頭喝水，其他野狗見狀，紛紛仿效。唯獨小黃狗站在岸邊冷冷看待，對這個方法頗不以為然。

「小鬼，你不下來幫忙喝水，牛皮可不分給你囉！」白狗十分不悅地說。

「河水喝光了，差不多也把自己撐死了吧！哼，我寧可餓死，也不要被河水給撐死。」小黃狗說。

「好，這是你自己說的，待會兒可別求我們啊！」黑狗說。

小黃狗滿臉不在乎地搖了搖頭後，便躺在河岸邊，瞇著眼，冷眼看著那些愚笨的伙伴們。

只見野狗們拼了命地喝水，最後果真如小黃狗所預料的，牛皮還沒能漂到牠們的身邊，河水卻已經把牠們的肚子給撐破了，只見一隻又一隻的野狗神情痛苦地倒在河岸邊，不住哀叫。

這時，原來躺在田間休息的小黃狗，忽然躍起，來到已經死去的同伴身邊，靠著啃食伙伴們的屍體，牠反而得以延續生命。

這則故事的黑色結局雖然讓人感覺驚悚不舒服，但也因此反而更容易讓人留下深刻印象與深沉的省思。

跟著小黃狗的冷眼旁觀，我們似乎也看到了生活中常見的「無謂執迷」。

爲了獲得牛皮，許多人不也像野狗們一樣捨本逐末，最終苦求得到的卻是一個「沒有結果」的結果？

水是活的，思考更是活的。與其喝光河水，何不另外想個更爲有效的方法呢？

絕對可以找到比喝光河水更簡便許多的辦法，像是找個小船，或是另外找尋食物⋯⋯等等。

「生活不求取巧，卻也不能老是死腦筋思考！」或許這正是小黃狗在伙伴們苟延殘喘時，想要告訴他們的話。

不要搞不清楚狀況，只會裝模作樣

越裝模作樣，越容易失去自己；越逢迎拍馬，人們越容易看見你的缺陷和虛假。

　　既然對於音樂節奏沒有天分，只要誠實地說出「我喜歡聽好聽的音樂」就夠了，不必硬要自己跟著拍打節奏，一旦跟錯拍子，不僅會拖累表演者，還會讓自己陷在自曝其短的窘境中。

　　裝模作樣通常代表搞不清楚狀況，好像一些為了與主管拉攏關係的人，一聽說主管的偏好，便急忙搶著代辦，卻沒想到話只聽到一半，主管說是他愛吃「三寶」，結果竟買回了「三鮮」。

　　有一頭驢子費盡了心力，好不容易才爬到屋頂上。屋頂上忽然出現了一頭大驢子，立即吸引來不少人好奇圍觀。

　　「啦啦啦⋯⋯這麼多人來看我跳舞啊！」驢子得意地在屋頂上舞動。

　　「喀喳⋯⋯喀喳⋯⋯」驢子的腳下忽然出現好幾聲碎裂的聲音，那似乎是瓦片碎裂的聲響。

　　不過，大驢子卻不怎麼在意這件事。只見牠仍然得意地持續手舞足蹈著，甚至越跳越起勁兒。

　　突然，聽見一聲轟然巨響，人群也跟著發出哄堂大笑：「哈

哈哈，那頭笨驢掉下來了！」

　　剛剛那幾聲「喀喳」正是屋瓦破裂的聲音，因爲瓦片根本承受不了大驢子的重量，驢腳重重地一踩，瓦片隨即破碎。

　　這時主人從田裡幹完活兒回來，聽說驢子在屋頂上的鬧劇後，氣呼呼地找來粗棍子，狠狠地抽打大驢子一頓。

　　才剛跌個渾身傷痛的大驢子，如今還被主人賞了一頓棍棒，萬分委屈地說：「爲什麼打我？昨天猴子不也一樣在屋頂上蹦蹦跳跳的，您怎麼沒打牠？我要不是看見主人您被逗得那麼開心，我哪敢爬上去？我還以爲你喜歡這樣的表演節目呢！」

　　主人嘆了口氣道：「果然是隻笨驢子，你沒事爬上屋頂跳舞做什麼，你以爲你是猴子啊？別忘了，你可是一頭驢哪！」

　　缺乏情勢判斷能力的人就像故事中的驢子，只會依樣模仿，只懂得跟著別人的動作拍馬屁，卻往往都打錯了拍子！

　　在現實生活中，我們不難見到一些這樣的人，他們爲了迎合主管的口味，也爲了取悅主子的心，經常做出令人匪夷所思的行爲。看見有人取悅主管笑了，便著急地畫上相同的丑妝，然後費盡心力地搞笑奉承。

　　殊不知，相同的丑妝不見得適合他，有些時候，滿臉的彩妝反而讓他看來更顯猙獰，只會讓人看了更加厭煩。最終的下場，就會像驢子一樣更加突顯出自己的愚笨。

　　越裝模作樣，越容易失去自己；越逢迎拍馬，人們越容易看見你的缺陷和虛假。無論環境再怎麼現實，也不能脫離「真誠」兩個字，一個真實的自己與誠實的人生態度，這也正是這則故事想傳遞的寓意。

爭或不爭，要靠智慧評定

世間形形色色的人都有，我們很難猜出對
方心中的真正情意，更難看清楚對方心底
的真偽，唯一能做的就是保護自己。

愛不能隨意施捨，我們要能辨識乞求者的需求真假，才不至
於換得一次又一次的傷心與失望。

雖說仁慈之心的確能讓人得到滿足與充實感，然而過了頭的
仁愛付出，卻反而會為自己引來深刻的傷害！

寒冷多夜，有個蒙古人正坐在自己的帳篷中。外面陣陣呼嘯
的寒風，光聽就覺得寒冷，還好帳篷裡十分溫暖，蒙古人不至於
凍著。

這時，門簾輕輕被撩起，原來是蒙古人的駱駝正朝著帳篷裡，
探頭，蒙古人和藹地問牠：「什麼事？」

駱駝說：「主人啊，我凍得受不了了，我想把頭伸到帳篷裡
以求得一絲絲的暖和，可以嗎？」

仁慈的蒙古人說：「好。」

於是，駱駝開心地將頭伸進帳篷裡來。過了不久，駱駝又有
要求：「主人啊，能不能讓我把脖子也伸進來呢？」

蒙古人想了想，反正也佔不了多少地方，便答應了牠的請求。

駱駝於是把脖子也伸了進去，所以就變成駱駝頭在帳篷內，而牠的身體則站立在外面。只見駱駝的頭很不舒服地在門簾邊搖晃。

這時駱駝又要求道：「主人啊，我這樣站著很不舒服，我想，如果能讓前腿也站到帳篷內，或許會舒服些。」

蒙古人說：「好吧！你就把前腿也放進來。」

因為帳篷不大，蒙古人不得不挪動一下身子，好讓出一點空間給駱駝「擺腳」。不過，有一就有二，有二就有三，不一會兒貪心的駱駝又說話了：「主人啊！我這麼站在門口似乎不大對，反而容易讓寒風吹進來，害您和我一塊受凍，我看，不如讓我整個兒站進來取暖吧！」

問題是，這只帳篷實在小得可憐，要同時容納一人一駝恐怕不是很容易，但是駱駝的主人真的很善良，對駱駝說：「好，雖然地方小了點，不過你可以整個兒站到裡面來試試。」

駱駝很不客氣地走了進來，居然同時還這麼說：「這帳篷的確容納不了您和我。主人啊，我想您的身材比較嬌小，不如您站到外面去，這樣我就住得下了，空間更能充分利用。」

於是，主人半個身子便擱到外面，駱駝整個兒擠進帳篷內。

沒想到，就在駱駝全身都擠進帳內的同時，蒙古人被駱駝忽然一個推擠，就這樣被擠到了帳篷外。

生活中爭與不爭得視情況而定，更要靠自己的智慧來評定，因為不是所有情況都適宜「退讓」。

有些時候，一味地退讓反而會使自己深陷危機之中，甚至讓自己失去了生存發展的空間。

就好像故事中得寸進尺的駱駝，看準了主人的惻隱之心裡有

著婦人之仁的缺失，於是一步步地攻進，且一步步地要將他逼退至沒有生存的空間；當時，駱駝主人若能睜大眼睛，看清駱駝有心相欺，便不至於被駱駝逼得連一點後路都沒有。

世間形形色色的人都有，我們很難猜出對方心中的真正情意，更難看清楚對方心底的真偽，因此我們唯一能做的就是保護自己。一如這個故事要告訴我們的：「當人們不斷地要求我們，甚至於提出有損我們權利的事情的時候，點頭犧牲絕非聰明之舉！我們可以不求利益獨享，但至少要能共享，才不至於讓自己辛苦打下的江山，轉眼成為他人所有。」

別用偏執的角度衡量別人的價值

看起來最不起眼的東西往往是最珍貴的，最安靜認命的小人物，其實才是社會中最頂尖也是最不平凡的人。

我們沒有必要去否定別人，更不能用偏執的角度去評斷別人的付出和價值。藏在機器內的齒輪隱身在黑暗之中，勤奮付出卻從未有過怨言，然而它們正是讓機器能夠充分發揮所長的重要支柱。

「各盡本分」與「分工合作」是維持世界運轉的重要基礎，所以不僅必須肯定每一個人的存在價值，更得督促自己要盡心付出，然後我們便會得到社會分工後的最大助益。

四肢看見胃不必幹活，還能吃飽喝足地過日子，心中非常不平衡，於是決定要像胃那樣，過著「不勞而獲」的快活日子。

對於這個提議，雙手是頭一個舉手贊成的，「好，少了我們四肢的幫忙，它只好去喝西北風。」

雙腳也不滿地說：「就是啊！想我們流汗流血、受苦受難，一輩子做牛做馬，辛苦幹活，全都是為了滿足那顆胃。結果滿足了胃，我們又得到些什麼好處？什麼也沒有嘛！我們如此辛苦忙碌，到底有什麼價值？停工！我不幹了！只有這樣才能讓它明白，它是靠我們養大的。」

四肢憤憤不平地談論著,最後也真的罷工不做了。只見雙手不再拿起東西,雙腿懶懶地垂在椅子上休息,它們都對胃充滿了怨憤和不平,它們說,要讓胃自己去尋找吃的東西。

過沒多久,人餓到躺了下來,因為心臟再也供給不了新鮮的血液,四肢也沒了力氣。到最後,無論是四肢還是整個身體,全都軟綿綿地趴在地上,想動也動不了。

就在這個時候,拒絕為別人付出辛勞的四肢這才發現,原來被它們認為是懶惰且不勞而獲的胃,竟是供給全身力量的重要來源。看似獨享好處,其實利益是均分給身體各大大小小的器官的,它們深刻檢討後才發現,胃的作用比起四肢要來得大啊!

當四肢失去動力時,它們才知道胃的默默付出與分享,分工合作的重要性在這裡再次得到了應證,從中我們也領悟到一件事:「能源源不絕且默默付出的人,比起那些一心表現自己付出辛勞的人更值得肯定。」

換個角度說,許多人總是忽略了自己應盡的本分,斤斤計較著別人的付出有多少,卻不知道自己其實付出得比別人少。

就像四肢一樣,動動手、動動腳都覺得辛苦,殊不知胃所擔負的任務,像是細心消化所有食物,然後再將不同的養分和能量,一一分配至不同的身體部位,工作量可不比它們少啊!

在社會的各個角落中,不乏像胃一樣肯默默付出的人,他們只求付出不問回饋的心思,其實正是維持社會進步最重要的力量。看起來最不起眼的東西往往是最珍貴的,人更是如此,那些和胃一樣看起來最安靜認命的小人物,其實才是社會中最頂尖也是最不平凡的人。

現實很殘酷,你必須學點

讀心術

你不能不學的
察言觀色厚黑法則

陶然 編著

MIND
READING

詩人作家愛默生曾說:
人只有在獨處時最誠實,
在他人面前,都是虛偽粉飾的。

確實如此,在這個強調包裝、行銷的年代,每個人的臉上經常戴著虛假的面具,
做出矯飾的舉動,有的人為了達到目的,甚至以亮麗的外表、動人的言詞蒙騙別人的耳目。
現實很殘酷,你必須學點讀心術!想要一眼把人看到骨子裡,想要瞬間洞燭對方的心裡究竟想什麼,
其實並不困難,重點就在於是否掌握察言觀色的看人法則。
只要懂得如何看人,就不會被表面的言行舉止迷惑,
一眼看穿對方的底細。

生活講義

112-1

放下，才能活在當下全集

作　　者　千江月
社　　長　陳維都
藝術總監　黃聖文
編輯總監　王郡凌
出 版 者　普天出版社
　　　　　新北市汐止區忠二街 6 巷 15 號
　　　　　TEL / (02) 26435033 (代表號)
　　　　　FAX / (02) 26486465
　　　　　E-mail：asia.books@msa.hinet.net
　　　　　http://www.popu.com.tw/
　　　　　郵政劃撥 19091443 陳維都帳戶
總 經 銷　旭昇圖書有限公司
　　　　　新北市中和區中山路二段 352 號 2F
　　　　　TEL / (02) 22451480 (代表號)
　　　　　FAX / (02) 22451479
　　　　　E-mail：s1686688@ms31.hinet.net
法律顧問　西華律師事務所・黃憲男律師
電腦排版　亘新電腦排版有限公司
印製裝訂　久裕印刷事業有限公司
出 版 日　2023 年 8 月第 2 版第 1 刷
ISBN◉978-986-389-877-1　條碼 9789863898771
Copyright◎2023
Printed in Taiwan, 2023 All Rights Reserved

國家圖書館出版品預行編目資料

放下，才能活在當下全集／
千江月編著. —第 2 版. —：新北市, 普天出版
2023.08 面；公分. -（生活講義；112-1）
ISBN◉978-986-389-877-1（平裝）
CIP◉177.2